Univ.-Prof. Mag. Dr. Hans Humenberger (Hrsg.)

Mag. Johannes Hasibeder
DI Mag. Dr. Michael Himmelsbach, MA
Mag. Johanna Schüller-Reichl

HR Mag. Dr. Dieter Litschauer
OStR Mag. Herbert Groß
LSI Mag. Vera Aue

Zusammengestellt von Mag. Richard Broneder, Mag. Thomas Payer
unter Mitarbeit von Lena Broneder und Cordula Payer



# Das ist Mathematik 2

## Lösungsheft

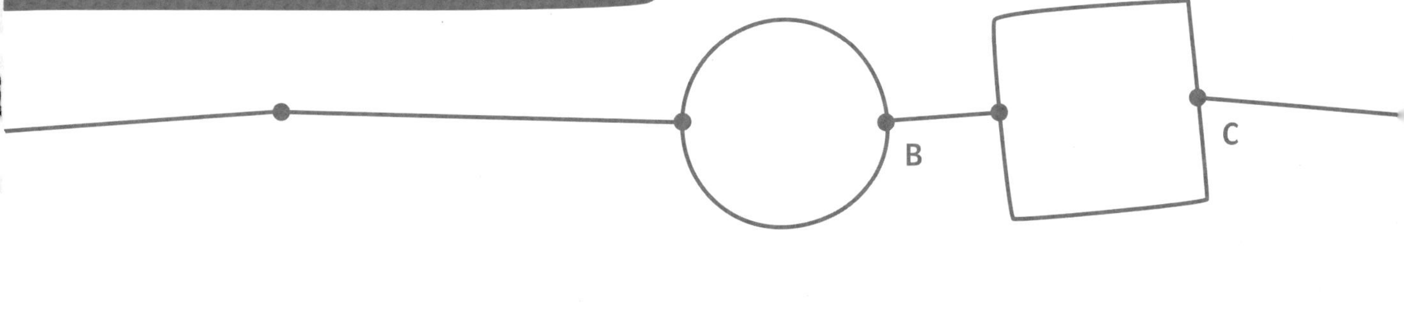


www.oebv.at

Das Lösungsheft ist zur **Kontrolle** und nicht zum Abschreiben gedacht. Arbeite deshalb ehrlich, löse jede Aufgabe selbstständig und kontrolliere erst dann die Ergebnisse!

Die mit **K** bezeichneten Lösungen sind **Kontrolllösungen** und betreffen zB Konstruktionsaufgaben, die durch Messung der angeführten Längen bzw. Winkel kontrolliert werden können. Deine Messergebnisse können in der letzten Ziffer von den angegebenen Lösungen abweichen.

Die **Figuren** im Lösungsheft sind zum Teil **verkleinert** dargestellt. Es können daher im Allgemeinen keine Längen aus den Figuren entnommen werden.

Für manche Fragen werden aufgrund der Aufgabenstellung nur **Lösungsvorschläge** gemacht, die mit „**zB**" eingeleitet werden. Wenn **Überschlagsrechnungen** angegeben werden, sind diese ebenfalls nur beispielhaft zu verstehen, da im Allgemeinen unterschiedliche Rundungen möglich sind.

Manche Ergebnisse sind aufgrund der gegebenen Größen bzw. des Sachverhalts sinnvoll gerundet angegeben. Zum Vergleich sind dann die ungerundeten Zahlenwerte in Klammern angegeben. „…" hinter der letzten Ziffer bedeutet, dass die weiteren Kommastellen das gerundete Ergebnis nicht mehr beeinflussen. Ob bei Zwischenergebnissen sinnvollerweise gerundete oder ungerundete Werte weiterverwendet werden, hängt von der Aufgabenstellung ab. Daher sind jene Werte, mit denen weitergerechnet wurde, unterstrichen.

Dieses Lösungsheft wurde mit großer Sorgfalt erstellt. Sollten trotzdem Fehler passiert sein, so bitten wir, dies dem Verlag (Österreichischer Bundesverlag Schulbuch GmbH & Co. KG, E-Mail: ahs@oebv.at) mitzuteilen. Auch Wünsche und Anregungen werden gerne entgegengenommen.

Viel Freude und Erfolg mit deiner Mathematikarbeit!

# Mathematik macht Spaß

**1** Der Kapitän muss den Fluss 7-mal überqueren.
zB: H…Hund, K…Katze, V…Vogel

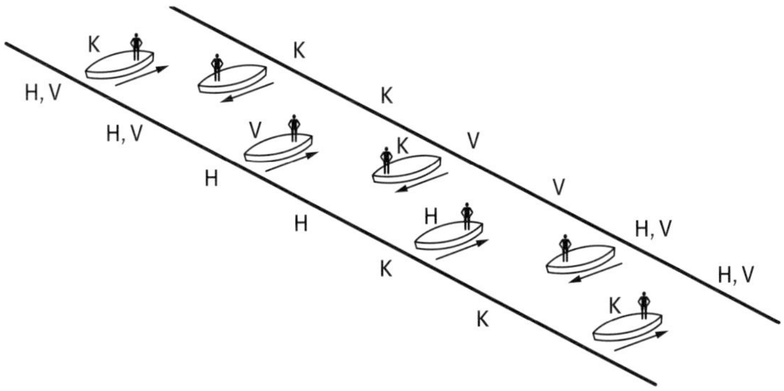


**2**

| Einzelergebnisse | A | B | C | D |
|---|---|---|---|---|
| A | | 1:0 | 0:0 | 1:0 |
| B | 0:1 | | 1:0 | 1:0 |
| C | 0:0 | 0:1 | | 4:3 |
| D | 0:1 | 0:1 | 3:4 | |

Lies zB: Mannschaft A hat gegen Mannschaft B 1:0 gewonnen.

**3** zB: Man muss zweimal oder dreimal wiegen, um die falschen Münzen zu finden. Zuerst legt man je vier Stapel pro Seite der Balkenwaage ab. Dann gibt es zwei Fälle:
① Wenn diese Gleichheit anzeigt, dann enthält einer der beiden übrigen Stapel die falschen Münzen. Man wiegt die beiden um den Stapel zu finden.
② Wenn bei den vier Stapeln keine Gleichheit herrscht, konzentriert man sich auf die Stapeln, die gesamt leichter waren. Man stellt je einen Stapel davon auf eine Seite der Waage. Entweder man findet so gleich den Stapel mit den falschen Münzen oder man muss dies noch mit den anderen zwei Stapeln wiederholen.

**4** zB:

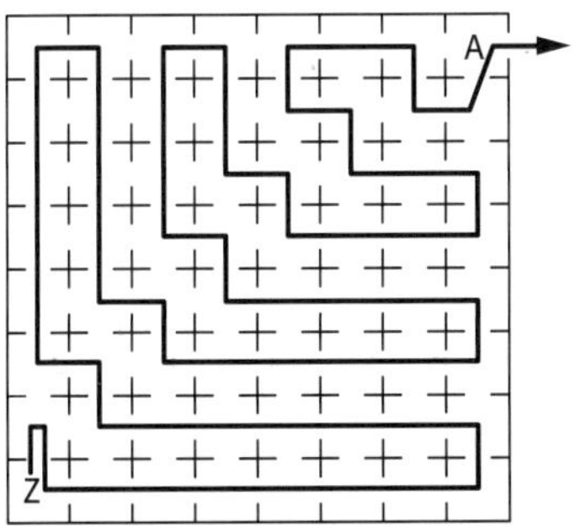


**5** Es gibt 12 kleine Würfel mit zwei blau gefärbten Flächen.

**6** △ = 1 □ = 3 ○ = 5 ◨ = 7 ● = 9
■ = 2 ⊗ = 4 ⊡ = 6 ▲ = 8 ★ = 0

**1)** 336 + 512 = 848 **2)** 628 − 432 = 196 **3)** 327 · 6 = 1962 **4)** 287 : 7 = 41
07
0

**7** Für das Fragezeichen ist 65 einzusetzen.
Überlege: 2 · ♦ + 2 · ♠ = 50 ⇒ ♦ + ♠ = 25;
♦ + ♠ + 2 · ♣ = 85
♦ + ♠ = 25
⇒ 2 · ♣ = 60 ⇒ ♣ = 30, usw.

**8** zB:

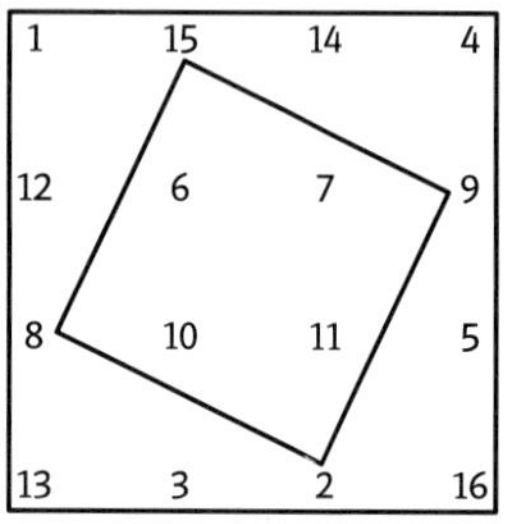


**9** Ja, das stimmt, weil 9 · 4 = 36, 10 · 5 = 50, 3 · 7 = 21 und 6 · 8 = 48.

**10** zB:

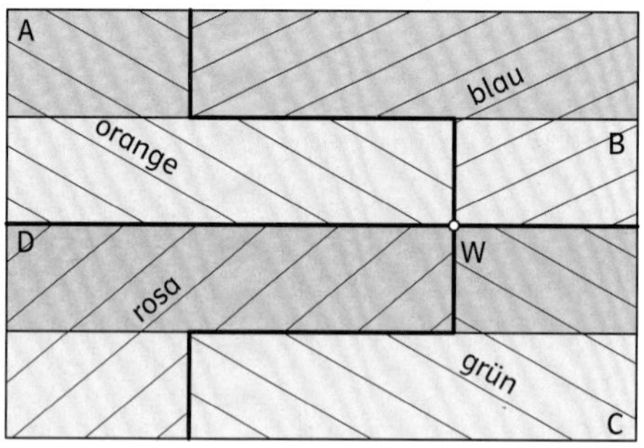

# Wiederholung

**11** Lucia: Dublin, Robin: Warschau, Kyril: Stockholm, Leonora: Rom

| **Lösung** | 386 | 404 | 600 | 261 | 632 | 898 |
|---|---|---|---|---|---|---|
| **Stadt** | Sofia | Dublin | Stockholm | Warschau | Madrid | Rom |
| **Land** | Bulgarien | Irland | Schweden | Polen | Spanien | Italien |

**12** a)

| **Stadt** | **Entfernung in km (Luftlinie)** | **Entfernung mit dem Auto in km** | c) **durchschnittliche Entfernung in km** |
|---|---|---|---|
| **Rom** | 765,39 ≈ 800 | 1133,6 ≈ 1100 | 950 |
| **Madrid** | 1809,21 ≈ 1800 | 2422,9 ≈ 2400 | 2100 |
| **Warschau** | 555,44 ≈ 600 | 669,5 ≈ 700 | 650 |
| **Stockholm** | 1241,71 ≈ 1200 | 1702,0 ≈ 1700 | 1450 |
| **Dublin** | 1682,41 ≈ 1700 | 2107,1 ≈ 2100 | 1900 |
| **Sofia** | 817,48 ≈ 800 | 1119,8 ≈ 1100 | 950 |

b) Luftlinie: Warschau, Rom, Sofia, Stockholm, Dublin, Madrid
Auto: Warschau, Sofia, Rom, Stockholm, Dublin, Madrid
Die Reihenfolge ist nicht gleich.

**13** a) 2 h 20 min b) 14:58 Uhr

**14** Paul hat 31,93 € (31,926) ausgegeben.

**15** MARIAZELL

**16** KATHARINA

**17** a)

| **Kind** | **Urlaubstage** |
|---|---|
| Kyril | 14 |
| Paul | 12 |
| Lucia | 21 |
| Robin | 6 |
| Leonora | 9 |
| Stefanie | 13 |

b) Die durchschnittliche Urlaubsdauer betrug 12,5 Tage.

**18** a) 1) 12 Stunden  2) 3 Stunden  3) 2 Stunden

b) 1) $\frac{1}{30}$  2) $\frac{1}{6}$

**19** Englisch, Mathematik, Musik, Geografie, Sport, Werken

**20** 1) $\frac{12}{10}$  2) $2\frac{2}{7}$  3) $\frac{5}{6}$  4) $1\frac{1}{2}$  5) $\frac{24}{25}$  6) $14\frac{1}{4}$  7) $1\frac{3}{4}$  8) 22  9) 3,5  10) 0,3

Das Schulfach lautet Geschichte.

**21** 1) x = 15  2) k = 25  3) u = 6,5  4) m = 2,2  5) n = 38,3  6) z = 0,5  7) c = 2,5

Die Klasse freut sich auf den Skikurs.

**22**

| | |
|---|---|
| Lucia<br>3 km 5 m | Mia<br>3 005 m |
| Yannik<br>0,45 kg | Paul<br>450 g |
| Stephanie<br>702 mm | Mateo<br>7 dm 2 mm |
| Dominic<br>0,00304 t | Robin<br>3 kg 4 dag |
| Leonora<br>23 dm | Lotta<br>2 300 mm |
| Anna<br>234 g | Kyril<br>23,4 dag |

**23** 1)

| Name | Anzahl der Stimmen |
|---|---|
| Mateo | 6 |
| Felix | 4 |
| Anouk | 5 |
| Hugo | 7 |
| Kübra | 2 |

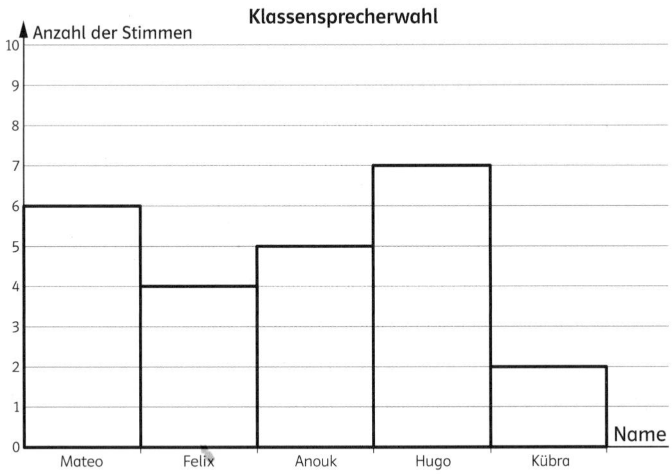


2) Hugo hat die meisten Stimmen erhalten.

**24** Jedes Kind muss 7,50 € bezahlen.

**25** **1)** 8 m ≙ 4 cm, 16 m ≙ 8 cm, 3 m ≙ 1,5 cm. Arbeite genau!
**2)** Spielfeld: 128 $m^2$, Platz gesamt: 308 $m^2$
**3)** 48 m
**4)** 138,6 $m^3$
**5)** 21 323 Säcke (21 323,0…)

**26** Die neue Fensterfläche ist um 2,108 $m^2$ größer.

**27** **1)** Der Brunnen besteht aus 10 Würfeln.
**2)** Die Masse des Brunnens beträgt 394,2 kg.
**3)** gelb: 1,35 $m^2$; orange: 0,9 $m^2$; rot: 0,45 $m^2$.

**28** **1)** Es sind 70 Liter Wasser erforderlich.
**2)** Die Masse beträgt 70 kg.

**29**

| | |
|---|---|
| Valerie: | 0,000003 $m^3$ |
| Mia: | 0,00001 $m^3$ |
| Anouk: | 0,000036 $m^3$ |
| Anna: | 0,000563 $m^3$ |
| Stephanie: | 0,00147 $m^3$ |
| Lucia: | 0,003 $m^3$ |
| Lotta: | 0,0034 $m^3$ |
| Kübra: | 0,028 $m^3$ |
| Clara: | 0,056 $m^3$ |
| Susanne: | 0,134 $m^3$ |
| Leonora: | 0,236 $m^3$ |

**30**

| | |
|---|---|
| Yannick: | 0,0034 Liter |
| Dominic: | 0,004 Liter |
| Viktor: | 0,04 Liter |
| Hugo: | 0,05 Liter |
| Sascha: | 0,05 Liter |
| Ruben: | 0,7 Liter |
| Nino: | 0,94 Liter |
| Kyril: | 4,5 Liter |
| Tobi: | 7,5 Liter |
| Mateo: | 36 Liter |
| Robin: | 360 Liter |
| Paul: | 1 200 Liter |
| Felix: | 4 000 Liter |

**31** **1)**

| | |
|---|---|
| Adrian: | $\alpha = 20°$, $s = 6$ mm |
| Maria: | $\alpha = 11°$, $s = 3$ mm |
| Anna: | $\alpha = 48°$, $s = 14$ mm |
| Michi: | $\alpha = 30°$, $s = 9$ mm |

**2)** $\alpha = 251°$

**32** **1** Kreislinie
**2** Kreissektor
**3** Kreissegment
**4** ist eine Parallele zu 5
**5** Durchmesser
**6** Radius
**7** Kreisbogen
**8** ist eine Normale zu 4
**9** Kreissehne
**10** Mittelpunkt
GUTEN START

**33** zB:

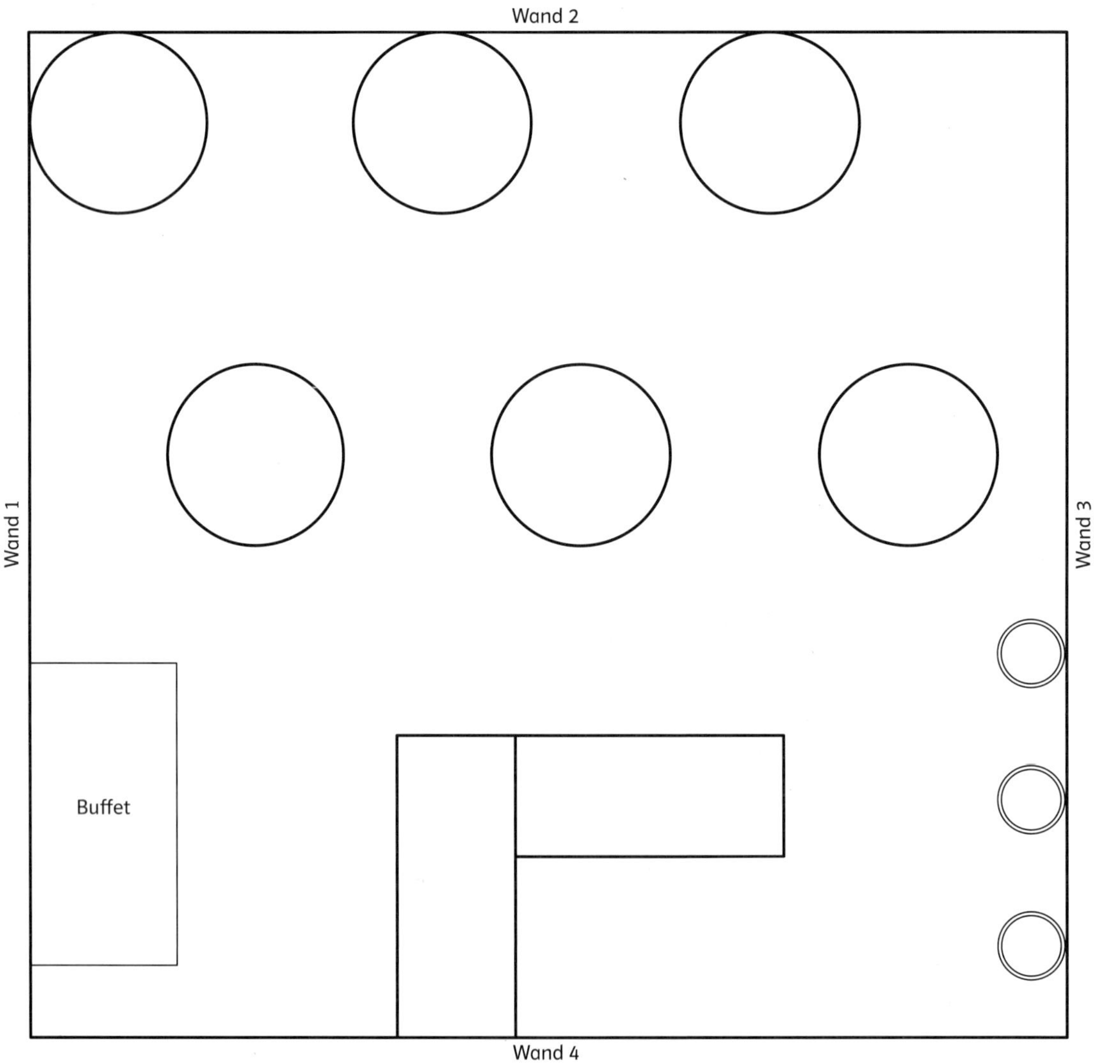

# A Teilbarkeit

**34**
a) $T_{12} = \{1, 2, 3, 4, 6, 12\}$
b) $T_{35} = \{1, 5, 7, 35\}$
c) $T_{23} = \{1, 23\}$
d) $T_{42} = \{1, 2, 3, 6, 7, 14, 21, 42\}$
e) $T_{96} = \{1, 2, 3, 4, 6, 8, 12, 16, 24, 32, 48, 96\}$
f) $T_{61} = \{1, 61\}$
g) $T_{70} = \{1, 2, 5, 7, 10, 14, 35, 70\}$
h) $T_{100} = \{1, 2, 4, 5, 10, 20, 25, 50, 100\}$

**35** a) 6 b) 2 c) 4 d) 4 e) 5 f) 6 g) 4 h) 3

**36** a) 3 teilt 15 b) 6 teilt 30 c) 5 teilt 33 nicht d) 5 teilt 36 nicht

**37**
a) $13\,860 : 2 = 6930$ und $13\,860 : 5 = 2772$
b) $13\,860 : 6 = 2310$ und $13\,860 : 9 = 1540$
c) $13\,860 : 12 = 1155$ und $13\,860 : 15 = 924$
d) $13\,860 : 385 = 36$ und $13\,860 : 1260 = 11$

**38**
a) $4 \mid 36$, da $36 : 4 = 9$; 0 Rest
b) $8 \nmid 82$, da $82 : 8 = 10$; 2 Rest
c) $3 \nmid 35$, da $35 : 3 = 11$; 2 Rest
d) $7 \mid 84$, da $84 : 7 = 12$; 0 Rest
e) $12 \mid 48$, da $48 : 12 = 4$; 0 Rest
f) $25 \mid 25$, da $25 : 25 = 1$; 0 Rest
g) $21 \nmid 121$, da $121 : 21 = 5$; 16 Rest
h) $16 \mid 80$, da $80 : 16 = 5$; 0 Rest
i) $25 \mid 625$, da $625 : 25 = 25$; 0 Rest
j) $16 \mid 144$, da $144 : 16 = 9$; 0 Rest

**39**
a) 1) 4, 52, 198 2) 21, 37, 333
b) 1) 5, 55, 80 2) 17, 68, 151
c) 1) 30, 50, 100 2) 12, 33, 99

**40**
2 Reihen mit jeweils 18 Bäumen, oder
3 Reihen mit jeweils 12 Bäumen, oder
4 Reihen mit jeweils 9 Bäumen, oder
6 Reihen mit jeweils 6 Bäumen, oder
9 Reihen mit jeweils 4 Bäumen, oder
12 Reihen mit jeweils 3 Bäumen, oder
18 Reihen mit jeweils 2 Bäumen.

**41**
a) 3 Möglichkeiten: $8 \cdot 1$ Würfel, $4 \cdot 2$ Würfel, $2 \cdot 4$ Würfel
b) 5 Möglichkeiten: $12 \cdot 1$ Würfel, $6 \cdot 2$ Würfel, $4 \cdot 3$ Würfel, $3 \cdot 4$ Würfel, $2 \cdot 6$ Würfel
c) 4 Möglichkeiten: $16 \cdot 1$ Würfel, $8 \cdot 2$ Würfel, $4 \cdot 4$ Würfel, $2 \cdot 8$ Würfel
d) 2 Möglichkeiten: $25 \cdot 1$ Würfel, $5 \cdot 5$ Würfel
e) 5 Möglichkeiten: $50 \cdot 1$ Würfel, $25 \cdot 2$ Würfel, $10 \cdot 5$ Würfel, $5 \cdot 10$ Würfel, $2 \cdot 25$ Würfel
f) 8 Möglichkeiten: $100 \cdot 1$ Würfel, $50 \cdot 2$ Würfel, $25 \cdot 4$ Würfel, $20 \cdot 5$ Würfel, $10 \cdot 10$ Würfel, $5 \cdot 20$ Würfel, $4 \cdot 25$ Würfel, $2 \cdot 50$ Würfel
g) 9 Möglichkeiten: $80 \cdot 1$ Würfel, $40 \cdot 2$ Würfel, $20 \cdot 4$ Würfel, $16 \cdot 5$ Würfel, $10 \cdot 8$ Würfel, $8 \cdot 10$ Würfel, $5 \cdot 16$ Würfel, $4 \cdot 20$ Würfel, $2 \cdot 40$ Würfel
h) 15 Möglichkeiten: $120 \cdot 1$ Würfel, $60 \cdot 2$ Würfel, $40 \cdot 3$ Würfel, $30 \cdot 4$ Würfel, $24 \cdot 5$ Würfel, $20 \cdot 6$ Würfel, $15 \cdot 8$ Würfel, $12 \cdot 10$ Würfel, $10 \cdot 12$ Würfel, $8 \cdot 15$ Würfel, $6 \cdot 20$ Würfel, $5 \cdot 24$ Würfel, $4 \cdot 30$ Würfel, $3 \cdot 40$ Würfel, $2 \cdot 60$ Würfel

**42** 1)

| | 1 | 2 | 3 | 4 | 5 | 6 | 7 | 8 |
|---|---|---|---|---|---|---|---|---|
| 1 | \| | \| | \| | \| | \| | \| | \| | \| |
| 2 | | \| | | \| | | \| | | \| |
| 3 | | | \| | | | \| | | |
| 4 | | | | \| | | | | \| |
| 5 | | | | | \| | | | |
| 6 | | | | | | \| | | |
| 7 | | | | | | | \| | |
| 8 | | | | | | | | \| |

2) a) Jede Zahl a hat sich selbst als Teiler: $a \mid a$.
b) Die Zahl 1 ist Teiler jeder Zahl a: $1 \mid a$.

**43** 1) 258 258 : 7 = 36 894 0 Rest
258 258 : 11 = 23 478 0 Rest
258 258 : 13 = 19 866 0 Rest
715 715 : 7 = 102 245 0 Rest
715 715 : 11 = 65 065 0 Rest
715 715 : 13 – 55 055 0 Rest
2) zB 618 618, 438 438
3) Da $7 \cdot 11 \cdot 13 = 1001$ ergibt ist jedes Vielfache von 1001 durch 7, 11 und 13 teilbar.

**44** a) Teiler von 220: 1, 2, 4, 5, 10, 11, 20, 22, 44, 55, 110; Summe der Teiler: 284
Teiler von 284: 1, 2, 4, 71, 142; Summe der Teiler: 220
b) zB 1184 und 1210
Es gibt vier vierstellige befreundete Zahlenpaare.

**45** 1) Teiler von 6: 1, 2, 3; Summe der Teiler: 6
2) Teiler von 28: 1, 2, 4, 7, 14; Summe der Teiler: 28
3) Teiler von 496: 1, 2, 4, 8, 16, 31, 62, 124, 248; Summe der Teiler: 496

**46** **a) 1)** $T_{12} = \{1, 2, 3, 4, 6, 12\}$, $T_{16} = \{1, 2, 4, 8, 16\}$

**2)** $T_{12} \cap T_{16} = \{1, 2, 4\}$

**3)** ggT(12, 16) = 4

**4)**

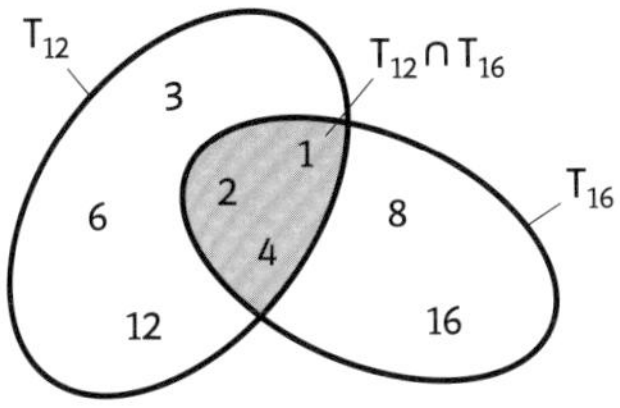


**b) 1)** $T_{10} = \{1, 2, 5, 10\}$, $T_{20} = \{1, 2, 4, 5, 10, 20\}$

**2)** $T_{10} \cap T_{20} = \{1, 2, 5, 10\}$

**3)** ggT(10, 20) = 10

**4)**

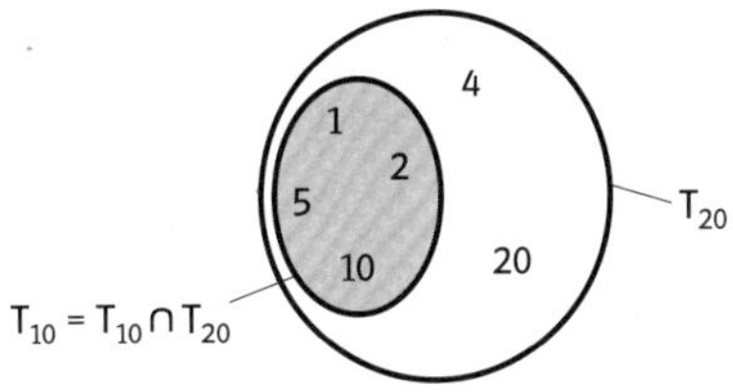


**c) 1)** $T_{17} = \{1, 17\}$, $T_{19} = \{1, 19\}$

**2)** $T_{17} \cap T_{19} = \{1\}$

**3)** ggT(17, 19) = 1

**4)**

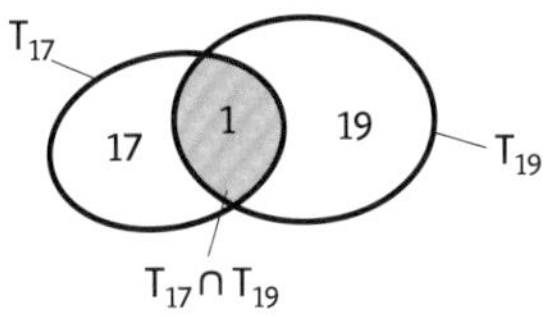


**d) 1)** $T_{18} = \{1, 2, 3, 6, 9, 18\}$, $T_{24} = \{1, 2, 3, 4, 6, 8, 12, 24\}$

**2)** $T_{18} \cap T_{24} = \{1, 2, 3, 6\}$

**3)** ggT(18, 24) = 6

**4)**

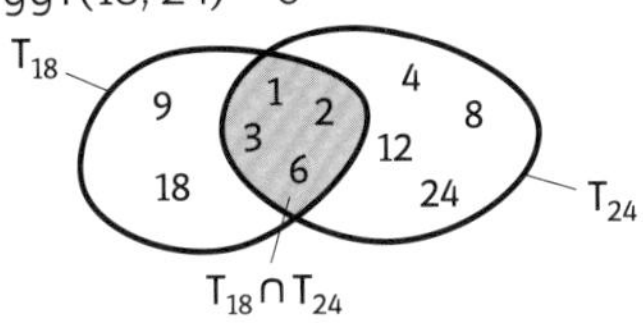


**e) 1)** $T_{36} = \{1, 2, 3, 4, 6, 9, 12, 18, 36\}$, $T_{48} = \{1, 2, 3, 4, 6, 8, 12, 16, 24, 48\}$

**2)** $T_{36} \cap T_{48} = \{1, 2, 3, 4, 6, 12\}$

**3)** ggT(36, 48) = 12

**4)**

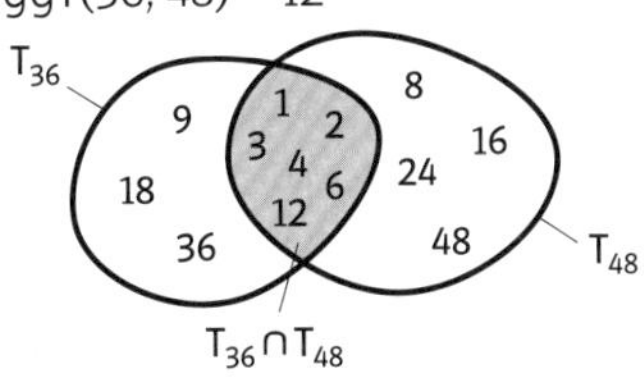

**47** Er hat 5 Möglichkeiten:
2 Pakete mit je 27 Äpfeln und 18 Birnen.
3 Pakete mit je 18 Äpfeln und 12 Birnen.
6 Pakete mit je 9 Äpfeln und 6 Birnen.
9 Pakete mit je 6 Äpfeln und 4 Birnen.
18 Pakete mit je 3 Äpfeln und 2 Birnen.

**48** **a)** $T_{35} \cap T_{40} = \{1, 5\}$ **b)** $T_{30} \cap T_{50} = \{1, 2, 5, 10\}$ **c)** $T_{25} \cap T_{28} = \{1\}$ **d)** $T_{12} \cap T_{36} = \{1, 2, 3, 4, 6, 12\}$

**49** **a)** 7 **b)** 12 **c)** 1 **d)** 1 **e)** 16 **f)** 1 **g)** 25 **h)** 5 **i)** 20 **j)** 21

**50** **A**

**51** Es gibt unendlich viele Möglichkeiten, zB: 5, 10, 15, 20, 30,…, 45, 55,…

**52** **a)** 4 **b)** 5 **c)** 64 **d)** 1

**53** **1)** 28 Gefäße zu 1 Liter oder 14 Gefäße zu 2 Liter oder 7 Gefäße zu 4 Liter.
**2)** Bei den Messgefäßen zu 4 Liter benötigt man die wenigsten.

**54** **C** und **D**

**55** **a)** zB: 9 **b)** zB: 48 **c)** zB: 95

**56** **A – 1, C – 2, F – 3**

**57** **a)** 5,

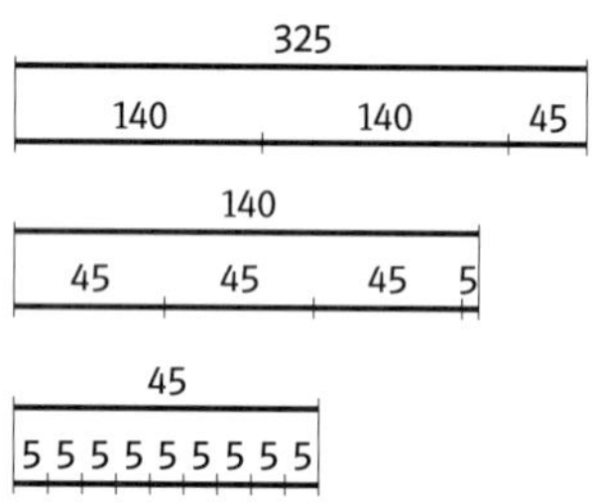


**b)** 12,

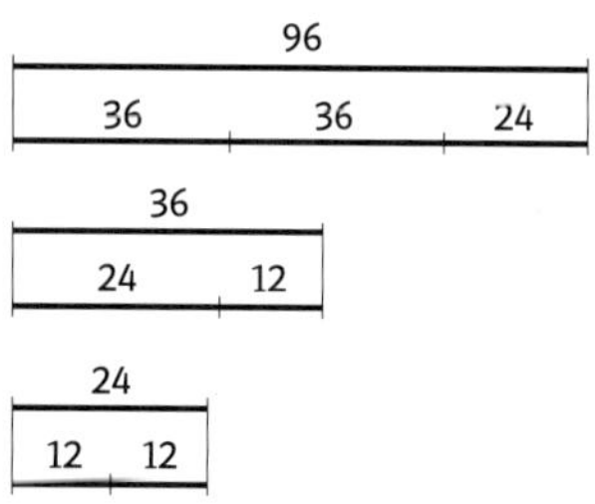


**c)** 5,

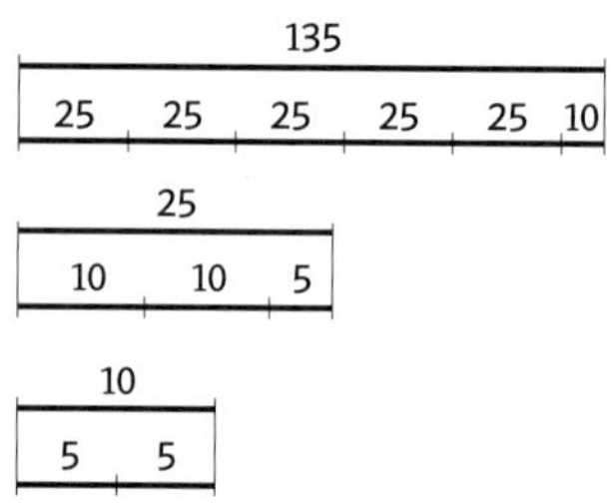


**d)** 10,

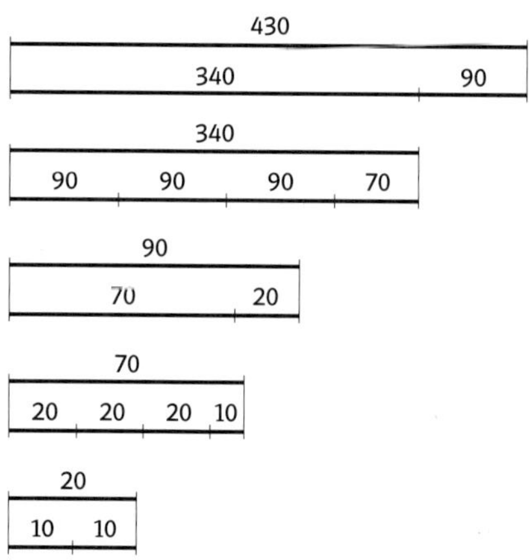

**58** a) 24 b) 27 c) 1

**59** 1) Vgl. mit der Lösung zu Aufgabe 57!
2) a) 5 b) 4 c) 36 d) 3

**60** Seiten 173 und 184.

**61** 1) Es können 50 g von jeder Zutat abgefüllt werden.
2) Man erhält 27 Packungen. Dabei bleiben 6 150 g Haferflocken und 4 150 g Rosinen übrig.
3) Wähle zB 3 000 g Sonnenblumenkerne.

**62** Gabi hat 91 Euromünzen.

**63** a) 5, 10, 15, 20, 25,…
b) 6, 12, 18, 24, 30,…
c) 9, 18, 27, 36, 45,…
d) 11, 22, 33, 44, 55,…
e) 12, 24, 36, 48, 60,…
f) 20, 40, 60, 80, 100,…
g) 100, 200, 300, 400, 500,…
h) 1 000, 2 000, 3 000, 4 000, 5 000,…
i) 2 500, 5 000, 7 500, 10 000, 12 500,…

**64** a) 12, 24, 36,…
b) 45, 90, 135,…
c) 24, 48, 72,…
d) 60, 120, 180,…
e) 120, 240, 360,…

**65** a) 1) $V_2 = \{2, 4, 6, 8, 10, 12, \ldots\}$
$V_3 = \{3, 6, 9, 12, 15, 18, \ldots\}$
2) $V_2 \cap V_3 = \{6, 12, 18, 24, 30, \ldots\}$
3) kgV(2, 3) = 6
b) 1) $V_4 = \{4, 8, 12, 16, 20, 24, \ldots\}$
$V_6 = \{6, 12, 18, 24, 30, 36, \ldots\}$
2) $V_4 \cap V_6 = \{12, 24, 36, 48, 60, \ldots\}$
3) kgV(4, 6) = 12
c) 1) $V_3 = \{3, 6, 9, 12, 15, 18, \ldots\}$
$V_5 = \{5, 10, 15, 20, 25, 30, \ldots\}$
2) $V_3 \cap V_5 = \{15, 30, 45, 60, 75, \ldots\}$
3) kgV(3, 5) = 15
d) 1) $V_2 = \{2, 4, 6, 8, 10, 12, \ldots\}$
$V_6 = \{6, 12, 18, 24, 30, 36, \ldots\}$
2) $V_2 \cap V_6 = V_6$
3) kgV(2, 6) = 6
e) 1) $V_6 = \{6, 12, 18, 24, 30, 36, \ldots\}$
$V_9 = \{9, 18, 27, 36, 45, \ldots\}$
2) $V_6 \cap V_9 = \{18, 36, 54, 72, \ldots\}$
3) kgV(6, 9) = 18

**66** a) Das „ggV“ würde immer unendlich groß sein.
b) Der „kgT“ ist immer 1 und daher nicht sinnvoll!

**67** zB: **a)** Einheitsstrecke 2 mm!

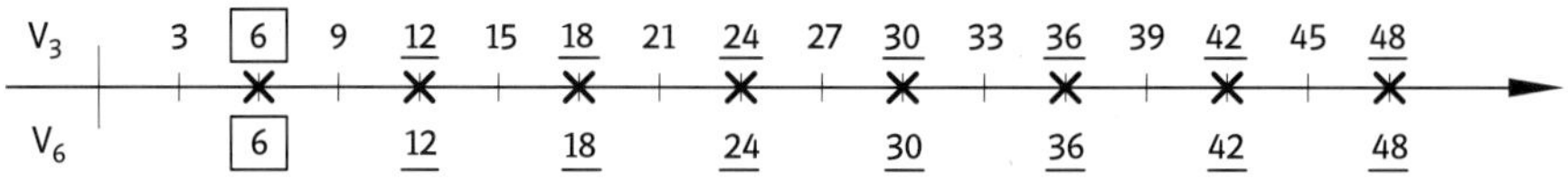


**b)** Einheitsstrecke 5 mm!

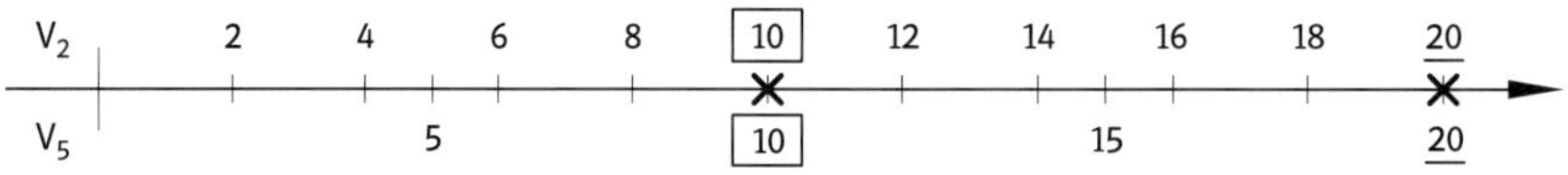


**c)** Einheitsstrecke 1 mm!

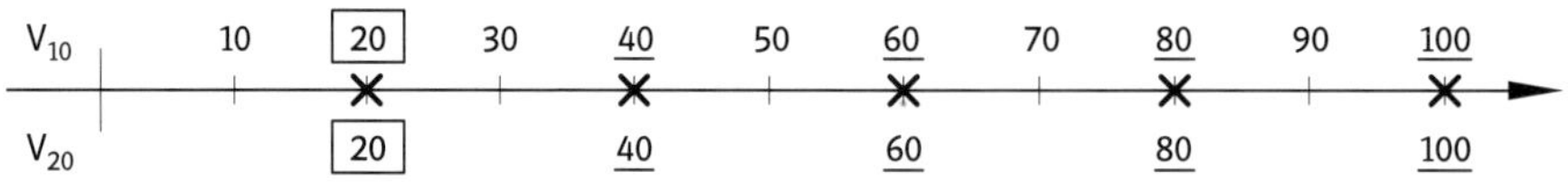


**d)** Einheitsstrecke 1 mm!

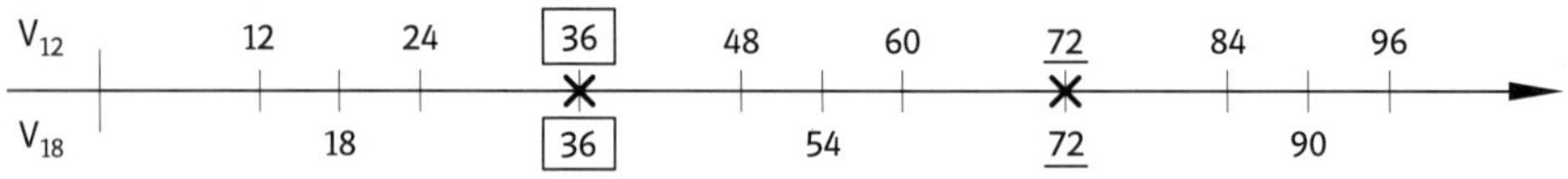


**e)** Einheitsstrecke 1 mm!

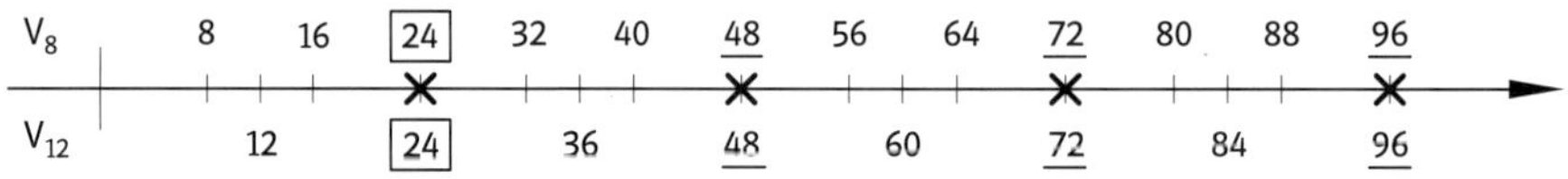


**68** **a)** 20 **c)** 36 **e)** 391 **g)** 36 **i)** 800
**b)** 144 **d)** 60 **f)** 450 **h)** 240 **j)** 1440

**69** **a)** kgV(3, 7) = 21 **b)** zB: kgV(4, 6) = 12 **c)** zB: kgV(3, 10) = 30

**70** **a)** **1)** 18 **2)** 20 **3)** 24 **4)** 45
**b)** zB: Das kgV zweier Zahlen, von denen eine Teiler der anderen ist, ist gleich der größeren der beiden Zahlen.

**71** **a)** **1)** 42 **2)** 72 **3)** 336 **4)** 840
**b)** Der ggT ist jeweils 1.
**c)** zB: Sind zwei Zahlen teilerfremd, so ist das kgV dieser Zahlen gleich dem Produkt der beiden Zahlen.

**72**

| | | | |
|---|---|---|---|
| **a)** **1)** 48 | **2)** ggT(6, 8) = 2 | **3)** kgV(6, 8) = 24 | **4)** 48 |
| **b)** **1)** 192 | **2)** ggT(12, 16) = 4 | **3)** kgV(12, 16) = 48 | **4)** 192 |
| **c)** **1)** 300 | **2)** ggT(15, 20) = 5 | **3)** kgV(15, 20) = 60 | **4)** 300 |
| **d)** **1)** 180 | **2)** ggT(10, 18) = 2 | **3)** kgV(10, 18) = 90 | **4)** 180 |
| **e)** **1)** 162 | **2)** ggT(9, 18) = 9 | **3)** kgV(9, 18) = 18 | **4)** 162 |
| **f)** **1)** 221 | **2)** ggT(13, 17) = 1 | **3)** kgV(13, 17) = 221 | **4)** 221 |

Das Produkt der beiden Zahlen ist gleich dem Produkt von ggT und kgV.

**73** **a)** Die Zahlen 10, 30, 420 und 10 940 sind durch 2 teilbar.
**b)** Die Zahlen 10, 30, 420, 525 und 10 940 sind durch 5 teilbar.
**c)** Die Zahlen 10, 30, 420 und 10 940 sind durch 10 teilbar.

**74** zB: **a)** $2 \mid 504$, da 504 eine gerade Zahl ist, aber $5 \nmid 504$, da die Einerziffer weder 0 noch 5 ist.
**b)** $2 \mid 800$ und $5 \mid 800$, da 800 eine gerade Zahl ist und die Einerziffer 0 ist.

**75** **a)** Die Zahlen 144, 412, 546, 1458, 1944, 2304, 3000, 5802 und 25 242 sind durch 2 teilbar.
**b)** Die Zahlen 87, 144, 243, 546, 801, 1458, 1944, 2304, 3000, 5802 und 25 242 sind durch 3 teilbar.
**c)** Die Zahlen 144, 243, 801, 1458, 1944 und 2304 sind durch 9 teilbar.

**76** zB: **1)** 6, 228, 1016
**2)** 10, 95, 435
**3)** 70, 190, 780
**4)** 6, 93, 423
**5)** 27, 108, 747
**6)** 48, 624, 1296
**7)** 25, 750, 1075
**8)** 700, 8000, 9500

**77** **1)** Der Wert der Zahl reduziert sich um 1800. Die neue Zahl ist 557. Es sind 5 Plättchen in der Hunderterspalte.
**2)** Es sind 15 Plättchen in der Einerspalte.
Die Ziffernsumme bleibt immer gleich, daher muss auch der Neunerrest immer gleich bleiben.

**78** Die Ziffernsumme bleibt immer gleich, daher muss auch der Dreierrest immer gleich bleiben.

**79** **1)** Dies ist möglich, da gilt: $50 \mid 600$.
**2)** Dies ist möglich, da gilt: $50 \mid 850$.
**3)** Dies ist nicht möglich, da gilt: $50 \nmid 420$.
**4)** Dies ist möglich, da gilt: $50 \mid 1000$.

**80** zB: **a)** $2 \mid 744$ und $3 \mid 744$, da 744 eine gerade Zahl ist und die Ziffernsumme 15 durch 3 teilbar ist.
**b)** $2 \mid 828$ und $9 \mid 828$, da 828 eine gerade Zahl ist und die Ziffernsumme 18 durch 9 teilbar ist.
**c)** $3 \mid 7128$ und $9 \mid 7128$, da die Ziffernsumme 18 sowohl durch 3 als auch durch 9 teilbar ist.
**d)** $3 \mid 2073$ aber $9 \nmid 2073$, da die Ziffernsumme 12 durch 3 teilbar ist aber nicht durch 9.
**e)** $3 \mid 5415$ und $5 \mid 5415$, da die Ziffernsumme 15 durch 3 teilbar ist und die Einerziffer 5 ist.
**f)** $5 \nmid 5412$ und $9 \nmid 5412$, da die Einerziffer weder 0 noch 5 ist und die Ziffernsumme 12 nicht durch 9 teilbar ist.
**g)** $744 : 6 = 124$, Rest 0; $828 : 18 = 46$, Rest 0; $5415 : 15 = 261$, Rest 0

**81** zB: **1)** $3 \mid 36$ und $6 \mid 36$ und auch $12 \mid 36$.
Gegenbeispiel: $3 \mid 42$ und $6 \mid 42$ aber $12 \nmid 42$.
Die Behauptung ist falsch.
**2)** $3 \mid 24$ und $4 \mid 24$ und auch $12 \mid 24$.
$3 \mid 60$ und $4 \mid 60$ und auch $12 \mid 60$.
Die Behauptung ist richtig.
**3)** $2 \mid 20$ und $5 \mid 20$ und auch $10 \mid 20$.
$2 \mid 700$ und $5 \mid 700$ und auch $10 \mid 700$.
Die Behauptung ist richtig.
**4)** $3 \mid 45$ und $5 \mid 45$ und auch $15 \mid 45$.
$3 \mid 705$ und $5 \mid 705$ und auch $15 \mid 705$.
Die Behauptung ist richtig.

**82** zB: **a)** Eine Zahl ist durch 6 teilbar, wenn sie durch 2 und durch 3 teilbar ist.
2|150 und 3|150 ⇒ 6|150
2|402 und 3|402 ⇒ 6|402
2|36 und 3|36 ⇒ 6|36
2|78 und 3|78 ⇒ 6|78
2|2004 und 3|2004 ⇒ 6|2004

**b)** Eine Zahl ist durch 15 teilbar, wenn sie durch 3 und durch 5 teilbar ist.
3|30 und 5|30 ⇒ 15|30
3|165 und 5|165 ⇒ 15|165
3|480 und 5|480 ⇒ 15|480
3|1095 und 5|1095 ⇒ 15|1095
3|7515 und 5|7515 ⇒ 15|7515

**c)** Eine Zahl ist durch 18 teilbar, wenn sie durch 2 und durch 9 teilbar ist.
2|36 und 9|36 ⇒ 18|36
2|126 und 9|126 ⇒ 18|126
2|306 und 9|306 ⇒ 18|306
2|1980 und 9|1980 ⇒ 18|1980
2|3258 und 9|3258 ⇒ 18|3258

**83** zB: **1)** 4|48 und 2|48; 4|124 und 2|124
Die Behauptung ist richtig, da jedes Vielfache von 4 auch ein Vielfaches von 2 ist.
**2)** 2|52 und 4|52; 2|168 und 4|168
Gegenbeispiel: 2|10 aber 4∤10
Die Behauptung ist falsch.

**84** zB: **a)** …, weil jedes Vielfache von 10 auch ein Vielfaches von 5 ist.
**b)** …, weil jedes Vielfache von 100 auch ein Vielfaches von 25 ist.
**c)** …, weil jedes Vielfache von 12 auch ein Vielfaches von 4 ist.

**85** **a)** 4**2**3, 4**5**3, 4**8**3
**b)** 52**1**4, 52**4**4, 52**7**4
**c)** 23 **0**28, 23 **3**28, 23 **6**28, 23 **9**28
**d)** **3** 987 312, **6** 987 312, **9** 987 312

**86** **a)** 8 **25**3 **b)** 10 **1**25 **c)** 765 **0**81, 765 **9**81 **d)** **3**12 345 **e)** 987 65**1** **f)** 2 **2**51 827

**87** **a)** 4830, 4832, 4834, 4836, 4838
**b)** 4830, 4833, 4836, 4839
**c)** 4830, 4835
**d)** 4833

**88**

| | | 2 | 3 | 4 | 5 | 6 | 9 | 10 | 12 | 15 | 25 | 100 |
|---|---|---|---|---|---|---|---|---|---|---|---|---|
| a) | 1860 | ✓ | ✓ | ✓ | ✓ | ✓ | | ✓ | ✓ | ✓ | | |
| b) | 5202 | ✓ | ✓ | | | ✓ | ✓ | | | | | |
| c) | 7200 | ✓ | ✓ | ✓ | ✓ | ✓ | ✓ | ✓ | ✓ | ✓ | ✓ | ✓ |
| d) | 11115 | | ✓ | | ✓ | | ✓ | | | ✓ | | |

**89** 2520 ist durch alle Zahlen von 1 bis 10 teilbar, da $5 \cdot 7 \cdot 8 \cdot 9 = 2520$

**90**
**a)** $2 \mid 20$
$2 \mid 36$
$2 \mid (20 + 36)$

**b)** $5 \mid 100$
$5 \nmid 23$
$5 \nmid (100 + 23)$

**c)** $10 \nmid 25$
$10 \mid 200$
$10 \nmid (200 + 25)$

**d)** $4 \mid 16$
$4 \nmid 7$
$4 \mid (16 \cdot 7)$

**e)** $6 \mid 30$
$6 \mid 24$
$6 \mid (30 \cdot 24)$

**91** **a)**

| | 12 | 8 | 12 + 8 | 12 − 8 |
|---|---|---|---|---|
| **1** | $\mid$ | $\mid$ | $\mid$ | $\mid$ |
| **2** | $\mid$ | $\mid$ | $\mid$ | $\mid$ |
| **3** | $\mid$ | $\nmid$ | $\nmid$ | $\nmid$ |
| **4** | $\mid$ | $\mid$ | $\mid$ | $\mid$ |
| **6** | $\mid$ | $\nmid$ | $\nmid$ | $\nmid$ |
| **8** | $\nmid$ | $\mid$ | $\nmid$ | $\nmid$ |
| **12** | $\mid$ | $\nmid$ | $\nmid$ | $\nmid$ |

**b)**

| | 18 | 6 | 18 + 6 | 18 − 6 |
|---|---|---|---|---|
| **1** | $\mid$ | $\mid$ | $\mid$ | $\mid$ |
| **2** | $\mid$ | $\mid$ | $\mid$ | $\mid$ |
| **3** | $\mid$ | $\mid$ | $\mid$ | $\mid$ |
| **6** | $\mid$ | $\mid$ | $\mid$ | $\mid$ |
| **9** | $\mid$ | $\nmid$ | $\nmid$ | $\nmid$ |
| **10** | $\nmid$ | $\nmid$ | $\nmid$ | $\nmid$ |
| **18** | $\mid$ | $\nmid$ | $\nmid$ | $\nmid$ |

**92** Bei der Paarung 2A und 2D können Vierergruppen gebildet werden, weil $4 \mid 44$.

**93**
**a)** $13 \mid 117$, weil $13 \mid 52$ und $13 \mid 65$ und $117 = 52 + 65$
**b)** $13 \mid 104$, weil $13 \mid 52$ und $104 = 2 \cdot 52$
**c)** $13 \mid 130$, weil $13 \mid 65$ und $130 = 2 \cdot 65$
**d)** $13 \mid 286$, weil $13 \mid 52$ und $13 \mid 65$ und $286 = 2 \cdot 65 + 3 \cdot 52$

**94** zB: $6 \mid 12$ und $3 \mid 6$, daher gilt $3 \mid 12$
Wenn n ein Vielfaches von a ist und a ein Vielfaches von t, so ist n auch ein Vielfaches von t.

**95** zB: **d)** 554400 + 22, 550000 + 4422 **e)** 122400 + 36, 120000 + 2436

**96**
**a)** **1)** $432 = (4 \cdot 99 + 4) + (3 \cdot 9 + 3) + 2$; $4 + 3 + 2 = 9 \Rightarrow 3 \mid 9$, also $3 \mid 432$
**2)** $7818 = (7 \cdot 999 + 7) + (8 \cdot 99 + 8) + (1 \cdot 9 + 1) + 8$; $7 + 8 + 1 + 8 = 24 \Rightarrow 3 \mid 24$, also $3 \mid 7818$
**3)** $526 = (5 \cdot 99 + 5) + (2 \cdot 9 + 2) + 6$; $5 + 2 + 6 = 13 \Rightarrow 3 \nmid 13$, also $3 \nmid 526$
**4)** $4562 = (4 \cdot 999 + 4) + (5 \cdot 99 + 5) + (6 \cdot 9 + 6) + 2$; $4 + 5 + 6 + 2 = 17 \Rightarrow 3 \nmid 17$, also $3 \nmid 4562$
**b)** Es ergibt sich immer eine Ziffernsumme, die durch 3 teilbar ist oder eben nicht.
**c)** Da 9, 99, 999,… durch 9 teilbar sind und auch ihre Vielfachen, funktioniert dieses System auch für die Teilbarkeit durch 9.

K **97** Primzahlen, die kleiner als 102 sind:
2, 3, 5, 7, 11, 13, 17, 19, 23, 29, 31, 37, 41, 43, 47, 53, 59, 61, 67, 71, 73, 79, 83, 89, 97, 101
**a)** zB: Alle Vielfachen von 11, die kleiner oder gleich 102 sind, wurden schon vorher als Vielfache von einstelligen Zahlen gestrichen.
**b)** Primzahlen, die größer als 100 und kleiner als 200 sind:
101, 103, 107, 109, 113, 127, 131, 137, 139, 149, 151, 157, 163, 167, 173, 179, 181, 191, 193, 197, 199

**98** Es gibt 15 Primzahlen zwischen 1 und 50: 2, 3, 5, 7, 11, 13, 17, 19, 23, 29, 31, 37, 41, 43, 47

**99** Weil alle geraden Zahlen durch 2 teilbar sind.

**100** zB: **a)** (29, 31); (41, 43) **b)** 37 – 73

**101**
**a)** $12 = 2 \cdot 2 \cdot 3$
**b)** $48 = 2 \cdot 2 \cdot 2 \cdot 2 \cdot 3$
**c)** $50 = 2 \cdot 5 \cdot 5$
**d)** $64 = 2 \cdot 2 \cdot 2 \cdot 2 \cdot 2 \cdot 2$
**e)** $72 = 2 \cdot 2 \cdot 2 \cdot 3 \cdot 3$
**f)** $96 = 2 \cdot 2 \cdot 2 \cdot 2 \cdot 2 \cdot 3$
**g)** $225 = 3 \cdot 3 \cdot 5 \cdot 5$
**h)** $250 = 2 \cdot 5 \cdot 5 \cdot 5$
**i)** $420 = 2 \cdot 2 \cdot 3 \cdot 5 \cdot 7$
**j)** $500 = 2 \cdot 2 \cdot 5 \cdot 5 \cdot 5$
**k)** $625 = 5 \cdot 5 \cdot 5 \cdot 5$
**l)** $720 = 2 \cdot 2 \cdot 2 \cdot 2 \cdot 3 \cdot 3 \cdot 5$
**m)** $1080 = 2 \cdot 2 \cdot 2 \cdot 3 \cdot 3 \cdot 3 \cdot 5$
**n)** $1152 = 2 \cdot 2 \cdot 2 \cdot 2 \cdot 2 \cdot 2 \cdot 2 \cdot 3 \cdot 3$
**o)** $6048 = 2 \cdot 2 \cdot 2 \cdot 2 \cdot 2 \cdot 3 \cdot 3 \cdot 3 \cdot 7$
**p)** $6720 = 2 \cdot 2 \cdot 2 \cdot 2 \cdot 2 \cdot 2 \cdot 3 \cdot 5 \cdot 7$

**102**
**a)** 2, 4, 8, 16, 32, 64
**b)** 3, 9, 27, 81
**c)** 5, 25
**d)** 6, 12, 18, 24, 36, 48, 54, 72, 96
**e)** 10, 20, 40, 50, 80, 100

**103** zB:
**a)** $2 \mid (2 \cdot 2 \cdot 3 \cdot 5)$ $3 \mid (2 \cdot 2 \cdot 3 \cdot 5)$ $(2 \cdot 3) \mid (2 \cdot 2 \cdot 3 \cdot 5)$ $(2 \cdot 3 \cdot 5) \mid (2 \cdot 2 \cdot 3 \cdot 5)$
**b)** $2 \mid (2 \cdot 3 \cdot 3 \cdot 5)$ $(3 \cdot 3) \mid (2 \cdot 3 \cdot 3 \cdot 5)$ $(2 \cdot 3 \cdot 5) \mid (2 \cdot 3 \cdot 3 \cdot 5)$ $(3 \cdot 3 \cdot 5) \mid (2 \cdot 3 \cdot 3 \cdot 5)$
**c)** $2 \mid (2 \cdot 2 \cdot 5 \cdot 7)$ $5 \mid (2 \cdot 2 \cdot 5 \cdot 7)$ $7 \mid (2 \cdot 2 \cdot 5 \cdot 7)$ $(2 \cdot 5) \mid (2 \cdot 2 \cdot 5 \cdot 7)$
**d)** $2 \mid (2 \cdot 2 \cdot 2 \cdot 2 \cdot 3)$ $(2 \cdot 2) \mid (2 \cdot 2 \cdot 2 \cdot 2 \cdot 3)$ $(2 \cdot 3) \mid (2 \cdot 2 \cdot 2 \cdot 2 \cdot 3)$ $(2 \cdot 2 \cdot 3) \mid (2 \cdot 2 \cdot 2 \cdot 2 \cdot 3)$
**e)** $2 \mid (2 \cdot 2 \cdot 3 \cdot 3 \cdot 3 \cdot 3)$ $3 \mid (2 \cdot 2 \cdot 3 \cdot 3 \cdot 3 \cdot 3)$ $(2 \cdot 3) \mid (2 \cdot 2 \cdot 3 \cdot 3 \cdot 3 \cdot 3)$ $(3 \cdot 3 \cdot 3) \mid (2 \cdot 2 \cdot 3 \cdot 3 \cdot 3 \cdot 3)$

**104**
**a)** ggT(60, 70) = 10 kgV(60, 70) = 420
**b)** ggT(96, 108) = 12 kgV(96, 108) = 864
**c)** ggT(63, 105) = 21 kgV(63, 105) = 315
**d)** ggT(210, 252) = 42 kgV(210, 252) = 1260
**e)** ggT(36, 48, 60) = 12 kgV(36, 48, 60) = 720
**f)** ggT(35, 45, 75) = 5 kgV(35, 45, 75) = 4725
**g)** ggT(28, 36, 40, 48) = 4 kgV(28, 36, 40, 48) = 5040
**h)** ggT(12, 15, 18, 30) = 3 kgV(12, 15, 18, 30) = 180

**105**
**A** falsch: ggT $= 2 \cdot 2$
**B** richtig
**C** richtig
**D** falsch: ggT $= 3 \cdot 5$

**106**
**a)** kgV(4, 6) = 12
**b)** kgV(9, 15) = 45
**c)** kgV(15, 20) = 60
**d)** kgV(50, 75) = 150
**e)** kgV(25, 30) = 150

**107** **1)** ggT(a, b) = a kgV(a, b) = b, **2)** $a \cdot b = a \cdot b$

**108** Die Teppichfliese hat eine Seitenlänge von 30 cm.

**109** Nach 15 Pedalumdrehungen stehen beide Zahnräder wieder in der Ausgangsstellung.

**110** **a)** ggT(24, 36) = 12; $\frac{2}{3}$ **c)** ggT(44, 66) = 22; $\frac{2}{3}$ **e)** ggT(63, 81) = 9; $\frac{7}{9}$
**b)** ggT(15, 25) = 5; $\frac{3}{5}$ **d)** ggT(75, 100) = 25; $\frac{3}{4}$

**111** **a)** kgV(9, 15) = 45; $V_9 \cap V_{15} = (45, 90, 135, \ldots)$
**b)** ① das kgV von 9 und 15, ② den kleinsten gemeinsamen Nenner

**112** **A, C**

**113** zB: **a)** 1921 **b)** 1920 **c)** 1902

**114**

| | | 10 | 11 | 12 | 13 | 14 | 15 | 16 | 17 | 18 | 19 | 20 |
|---|---|---|---|---|---|---|---|---|---|---|---|---|
| **a)** | **4** | 20 2 | 44 1 | 12 4 | 52 1 | 28 2 | 60 1 | 16 4 | 68 1 | 36 2 | 76 1 | 20 4 |
| **b)** | **5** | 10 5 | 55 1 | 60 1 | 65 1 | 70 1 | 15 5 | 80 1 | 85 1 | 90 1 | 95 1 | 20 5 |

**115** zB: 20 = 7 + 13, 92 = 19 + 73

**116** **1)**

| **Grundzahl** | 2 | 3 | 5 | 6 | 8 | 10 | 12 | 16 |
|---|---|---|---|---|---|---|---|---|
| **Teiler** | 0 | 0 | 0 | 2 | 2 | 2 | 4 | 3 |

**2)** zB: Eine Binärzahl ist durch $2 = (10)_2$ teilbar, wenn an der „Einerstelle" Null steht.

**117** **1)** Es können 16 oder 8 oder 4 oder 2 Kinder mitspielen
**2)** Die Anzahl der Spielkarten.
**3)** zB: Kann eine ungerade Anzahl an Kindern an dem Kartenspiel teilnehmen?

**118** **a)** 2, 3, 5, 7, 11, 13, 17, 19, 23, 29
**b)** 31, 37, 41, 43, 47
**c)** 4, 6, 8, 9, 10, 12, 14, 15, 16, 18, 20, 21, 22, 24, 25, 26, 27, 28, 30, 32, 33, 34, 35, 36, 38, 39

**119** **1)** Die mittlere und die größte Zahl müssen Vielfache der kleinsten Zahl sein.
**2)** Die drei Zahlen müssen teilerfremd sein.

**120** Die Gastwirtin hat mindestens 150 kg Erdäpfel oder ein Vielfaches davon gekauft.

**121** **a)** 8 | 720, weil 8 | 800 und 8 | 80 und 720 = 800 − 80 **c)** 8 | 560, weil 8 | 80 und 560 = 7 · 80
**b)** 8 | 640, weil 8 | 80 und 640 = 8 · 80 **d)** 8 | 320, weil 8 | 80 und 320 = 4 · 80

**122** 2000, 2004, 2008, 2012, 2016, 2020, 2024, 2028, 2032, 2036, 2040, 2044, 2048, 2052, 2056

**123** 1600, 2000 und 2400 sind Schaltjahre, weil die Jahreszahl durch 400 teilbar ist.

**124** **1)** 2100 **2)** Teilbarkeit durch 2

**125** Lisa hat nicht Recht, weil die Ziffernsumme nicht durch 9 teilbar ist.

**126** Die Himmelskörper stehen in 16 425 Tagen wieder in dieser Position.

**127** bis **142** siehe Buch Seite 280!

# B Bruchzahlen und Bruchrechnen

**143** a) $\frac{3}{6} = \frac{1}{2}$ b) $\frac{3}{8}$ c) $\frac{8}{15}$ d) $\frac{9}{15} = \frac{3}{5}$

**144** zB: a)
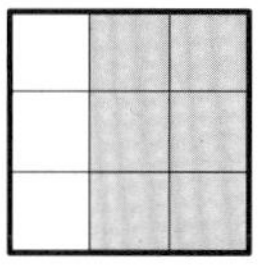
c)
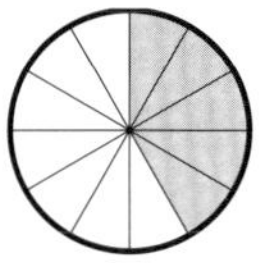
e)
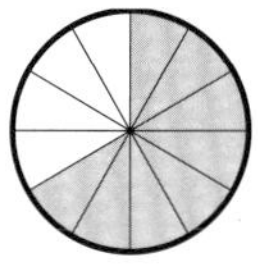
b)
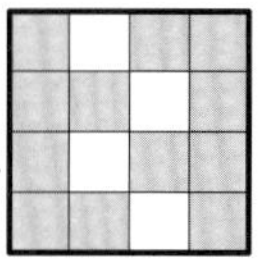
d)
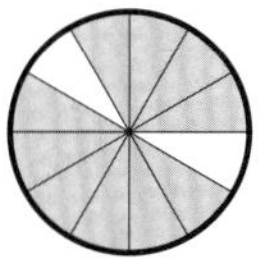

K **145** Vergleiche mit Buch Seite 42! Die Länge der gezeichneten Strecke beträgt:
a) 2,5 cm b) 0,5 cm c) 3 cm d) 5,5 cm e) 7,5 cm

**146** 1) zB:
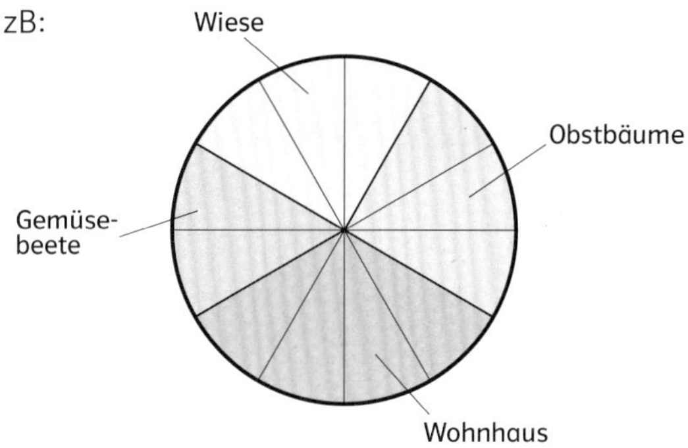


2) Die Wiese nimmt $\frac{1}{4}$ des Grundstücks ein.

**147** a) 500 kg c) 125 kg e) 700 kg g) 3 625 kg
b) 250 kg d) 270 kg f) 1 375 kg

**148** a) 50 cm c) 20 cm e) 150 cm
b) 25 cm d) 70 cm f) 230 cm

**149** a) $1\frac{2}{3}$ c) $3\frac{1}{4}$ e) $6\frac{3}{8}$ g) $1\frac{13}{100}$ i) $4\frac{3}{20}$
b) $1\frac{3}{4}$ d) $4\frac{1}{6}$ f) $4\frac{7}{10}$ h) $2\frac{11}{50}$

**150** a) $\frac{8}{5}$ c) $\frac{13}{6}$ e) $\frac{62}{7}$ g) $\frac{101}{10}$ i) $\frac{37}{2}$
b) $\frac{11}{2}$ d) $\frac{11}{3}$ f) $\frac{64}{5}$ h) $\frac{59}{4}$

**151** Wald: 43 mm $\triangleq \frac{43}{100}$

Landwirtschaft: 31 mm $\triangleq \frac{31}{100}$

Alpe: 10 mm $\triangleq \frac{10}{100} = \frac{1}{10}$

Garten: 2 mm $\triangleq \frac{2}{100} = \frac{1}{50}$

Gewässer: 2 mm $\triangleq \frac{2}{100} = \frac{1}{50}$

Sonstige: 12 mm $\triangleq \frac{12}{100} = \frac{3}{25}$

**152** **a)** 0,5 **b)** 0,25 **c)** 0,75 **d)** 0,2 **e)** 0,1 **f)** 0,125 **g)** 0,4 **h)** 0,2 **i)** 0,6 **j)** 0,3

**153** **a) 1)** 0,7 **2)** 0,07 **3)** 0,007
**b) 1)** 2 **2)** 0,2 **3)** 0,02
**c) 1)** 0,75 **2)** 1,375 **3)** 2,6
**d) 1)** 2,6 **2)** $10,\overline{6}$ **3)** 34

**154** **a) 1)** $\frac{3}{10}$ **2)** $1\frac{3}{100}$ **3)** $1\frac{3}{1000}$
**b) 1)** $\frac{5}{10} = \frac{1}{2}$ **2)** $\frac{75}{100} = \frac{3}{4}$ **3)** $\frac{75}{1000} = \frac{3}{40}$
**c) 1)** $2\frac{4}{10} = 2\frac{2}{5}$ **2)** $2\frac{4}{100} = 2\frac{1}{25}$ **3)** $2\frac{40}{100} = 2\frac{2}{5}$
**d) 1)** $5\frac{5}{10} = 5\frac{1}{2}$ **2)** $5\frac{5}{100} = 5\frac{1}{20}$ **3)** $5\frac{55}{1000} = 5\frac{11}{200}$

**155** **a)** 0,5; endlich
$0,\overline{428571}$; periodisch
0,375; endlich
**b)** 0,9; endlich
$0,\overline{81}$; periodisch
0,75; endlich
**c)** 0,25; endlich
0,2; endlich
$0,1\overline{6}$; gemischt periodisch
**d)** 0,625; endlich
$0,\overline{5}$; periodisch
0,5; endlich
**e)** $0,1\overline{6}$; gemischt periodisch
0,25; endlich
$0,\overline{3}$; periodisch

**156** **a)** $0,\overline{7}$; $0,\overline{17}$; $0,\overline{71}$ **b)** $0,\overline{2}$; $0,\overline{02}$; $0,\overline{20}$ **c)** $0,\overline{4}$; $0,\overline{04}$; $0,\overline{40}$

**157** **a) 1)** $\frac{5}{10} = \frac{1}{2}$ **2)** $\frac{5}{9}$ **3)** $\frac{50}{100} = \frac{1}{2}$ **4)** $\frac{50}{99}$
**b) 1)** $\frac{4}{9}$ **2)** $\frac{4}{10} = \frac{2}{5}$ **3)** $\frac{4}{99}$ **4)** $\frac{40}{100} = \frac{2}{5}$
**c) 1)** $1\frac{2}{9} = \frac{11}{9}$ **2)** $1\frac{2}{99} = \frac{101}{99}$ **3)** $1\frac{20}{99} = \frac{119}{99}$ **4)** $1\frac{20}{100} = \frac{120}{100} = 1\frac{1}{5}$
**d) 1)** $3\frac{15}{100} = \frac{315}{100} = 3\frac{3}{20}$ **2)** $3\frac{15}{99} = \frac{312}{99} = 3\frac{5}{33}$ **3)** $3\frac{51}{100} = \frac{351}{100}$ **4)** $3\frac{51}{99} = \frac{348}{99} = 3\frac{17}{33}$

**158** **a)** $\approx$ 0,33 (0,333…) **b)** $\approx$ 1,17 (1,166…) **c)** $\approx$ 0,67 (0,666…) **d)** $\approx$ 0,93 (0,933…) **e)** $\approx$ 1,05 (1,047…) **f)** $\approx$ 0,83 (0,833…) **g)** $\approx$ 0,39 (0,388…)

**159** **1)** $\frac{1}{11} = 0,\overline{09}$; Länge der Periode: 2 $\frac{1}{7} = 0,\overline{142857}$; Länge der Periode: 6
**2)** mögliche Reste 1, 2, 3, 4, 5, 6
Die Anzahl der möglichen Reste stimmt mit der Länge der Periode überein.
**3)** Bei großen Primzahlen.

**160** a) 1) $\frac{3}{6}$ 2) $\frac{5}{10}$ 3) $\frac{10}{20}$ 4) $\frac{12}{24}$ 5) $\frac{20}{40}$ 6) $\frac{50}{100}$

b) 1) $\frac{10}{15}$ 2) $\frac{24}{36}$ 3) $\frac{20}{30}$ 4) $\frac{60}{90}$ 5) $\frac{200}{300}$ 6) $\frac{640}{960}$

**161** zB: a) 1) $\frac{2}{4}, \frac{2}{3}$ 2) $\frac{3}{6}, \frac{4}{6}$ 3) $\frac{3}{6}, \frac{4}{6}$

b) 1) $\frac{45}{40}, \frac{45}{36}$ 2) $\frac{36}{32}, \frac{40}{32}$ 3) $\frac{9}{8}, \frac{10}{8}$

c) 1) $\frac{30}{18}, \frac{30}{8}$ 2) $\frac{40}{24}, \frac{90}{24}$ 3) $\frac{20}{12}, \frac{45}{12}$

d) 1) $\frac{42}{27}, \frac{42}{4}$ 2) $\frac{28}{18}, \frac{189}{18}$ 3) $\frac{28}{18}, \frac{189}{18}$

e) 1) $\frac{100}{30}, \frac{100}{32}$ 2) $\frac{160}{48}, \frac{150}{48}$ 3) $\frac{80}{24}, \frac{75}{24}$

f) 1) $\frac{35}{60}, \frac{35}{112}$ 2) $\frac{56}{96}, \frac{30}{96}$ 3) $\frac{28}{48}, \frac{15}{48}$

g) 1) $\frac{20}{75}, \frac{20}{84}$ 2) $\frac{28}{105}, \frac{25}{105}$ 3) $\frac{28}{105}, \frac{25}{105}$

**162** a) $\frac{1}{2}$ c) $\frac{3}{2} = 1\frac{1}{2}$ e) $\frac{1}{7}$ g) $\frac{3}{4}$

b) $\frac{1}{2}$ d) $\frac{3}{2} = 1\frac{1}{2}$ f) $\frac{4}{9}$ h) $\frac{3}{2} = 1\frac{1}{2}$

**163** a) $\frac{5}{3}$ c) $\frac{4}{5}$ e) $\frac{4}{5}$ g) $\frac{4}{3}$

b) $\frac{4}{1}$ d) $\frac{1}{2}$ f) $\frac{3}{4}$ h) $\frac{3}{5}$

**164** a) $\frac{8}{6} = 1{,}\overline{3}$ gehört nicht dazu, da alle anderen Brüche den Wert 1,5 haben.

b) $\frac{10}{12} = 0{,}8\overline{3}$ gehört nicht dazu, da alle anderen Brüche den Wert 0,8 haben.

c) $\frac{28}{36} = 0{,}\overline{7}$ gehört nicht dazu, da alle anderen Brüche den Wert 0,75 haben.

**165** a) $\frac{2}{3}$ d) $\frac{2}{3}$ g) $\frac{9}{10}$ j) 3 m) $\frac{5}{4} = 1\frac{1}{4}$

b) 4 e) $\frac{3}{4}$ h) $\frac{3}{5}$ k) $\frac{6}{11}$ n) $\frac{3}{2} = 1\frac{1}{2}$

c) $\frac{8}{9}$ f) $\frac{5}{2} = 2\frac{1}{2}$ i) $\frac{5}{16}$ l) $\frac{4}{5}$

**166** a) 6 b) $\frac{10}{9} = 1\frac{1}{9}$ c) $\frac{7}{12}$ d) 1 e) $\frac{1}{25}$ f) 4

**167** 1) a) ggT(18, 36) = 18 b) ggT(45, 60) = 15

2) a) $\frac{18}{36} = \frac{1}{2}$ b) $\frac{45}{60} = \frac{3}{4}$

zB: Kürzt man mit dem ggT, kann nicht mehr weiter gekürzt werden.

**168** zB:

a) $\frac{5}{8} < \frac{7}{6}$, weil $\frac{5}{8} < 1$ und $\frac{7}{6} > 1$ sind.

b) $1{,}1 > \frac{5}{6}$, weil $1{,}1 > 1$ und $\frac{5}{6} < 1$ sind.

c) $1\frac{2}{13} > \frac{15}{16}$, weil $1\frac{2}{13} > 1$ und $\frac{15}{16} < 1$ sind.

d) $\frac{21}{22} < \frac{22}{21}$, weil $\frac{21}{22} < 1$ und $\frac{22}{21} > 1$ sind.

e) $\frac{5}{8} > \frac{4}{10}$, weil $\frac{5}{8} > \frac{1}{2}$ und $\frac{4}{10} < \frac{1}{2}$ sind.

f) $\frac{4}{7} < \frac{5}{6}$, weil $\frac{4}{7} = \frac{24}{42}$, $\frac{5}{6} = \frac{35}{42}$ und $\frac{24}{42} < \frac{35}{42}$ sind.

g) $\frac{5}{12} < \frac{7}{15}$, weil $\frac{5}{12} = \frac{25}{60}$, $\frac{7}{15} = \frac{28}{60}$ und $\frac{25}{60} < \frac{28}{60}$ sind.

h) $\frac{9}{20} < \frac{13}{24}$, weil $\frac{9}{20} < \frac{1}{2}$ und $\frac{13}{24} > \frac{1}{2}$ sind.

i) $2\frac{3}{4} < 3\frac{1}{8}$, weil $2\frac{3}{4} < 3$ und $3\frac{1}{8} > 3$ sind.

j) $2\frac{3}{5} < 2\frac{2}{3}$, weil $2\frac{3}{5} = 2\frac{9}{15}$, $2\frac{2}{3} = 2\frac{10}{15}$ und $2\frac{9}{15} < 2\frac{10}{15}$ sind.

**169** D

**170**

a) 1) 12 2) $\frac{7}{12} < \frac{9}{12} < \frac{10}{12}$

b) 1) 24 2) $\frac{15}{24} < \frac{16}{24} < \frac{18}{24}$

c) 1) 30 2) $\frac{4}{30} < \frac{5}{30} < \frac{9}{30}$

d) 1) 70 2) $\frac{39}{70} < \frac{40}{70} < \frac{42}{70}$

**171**

| | |
|---|---|
| $\frac{7}{5}; \frac{5}{2}; \frac{8}{3}; \frac{9}{7}$ | 1 |
| $\frac{17}{5}; \frac{19}{4}; \frac{21}{6}; \frac{13}{3}$ | 2 |
| $\frac{25}{3}; \frac{35}{4}; \frac{45}{5}; \frac{55}{6}$ | 3 |
| $\frac{47}{3}; \frac{57}{4}; \frac{63}{5}; \frac{71}{6}$ | 4 |

| | |
|---|---|
| A | 10 |
| B | 16 |
| C | 3 |
| D | 5 |

**172**

a) 1) $\frac{2}{10} = \frac{1}{5}$; $\frac{4}{10} = \frac{2}{5}$; $\frac{8}{10} = \frac{4}{5}$; $\frac{5}{6}$; $\frac{7}{6} = 1\frac{1}{6}$; $\frac{5}{4} = 1\frac{1}{4}$; $\frac{5}{3} = 1\frac{2}{3}$; $\frac{18}{10} = 1\frac{4}{5}$

2) $0{,}2$; $0{,}4$; $0{,}8$; $0{,}8\overline{3}$; $1{,}1\overline{6}$; $1{,}25$; $1{,}\overline{6}$; $1{,}8$

b) 1) $\frac{106}{100} = 1\frac{3}{50}$; $\frac{12}{10} = 1\frac{1}{5}$; $\frac{145}{100} = 1\frac{9}{20}$; $\frac{15}{10} = 1\frac{1}{2}$; $\frac{17}{10} = 1\frac{7}{10}$; $\frac{19}{10} = 1\frac{9}{10}$

2) 1,06; 1,2; 1,45; 1,5; 1,7; 1,9

**173** zB: **a)** Einheitsstrecke 4 cm

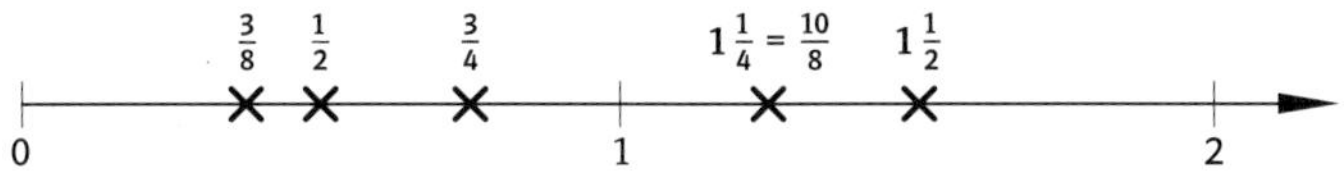


**b)** Einheitsstrecke 100 mm

**c)** Einheitsstrecke 6 cm

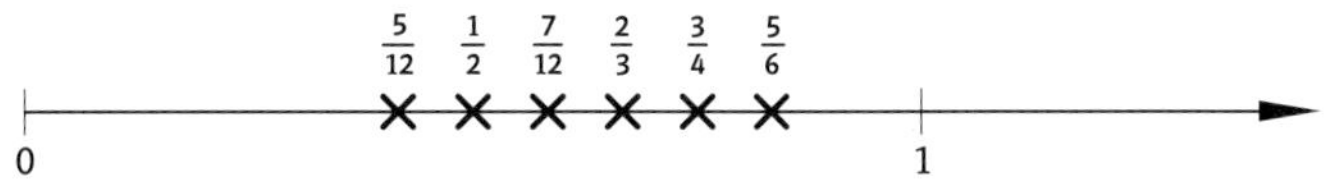


**d)** Einheitsstrecke 6 cm

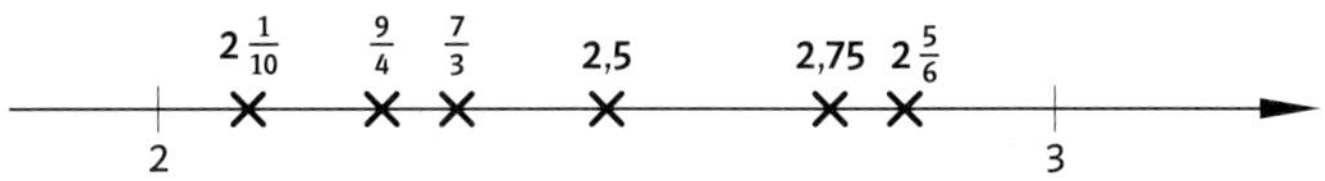


**e)** Einheitsstrecke 100 mm

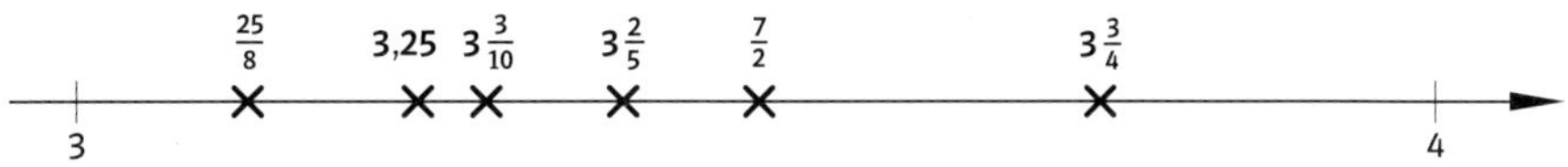


**f)** Einheitsstrecke 90 mm

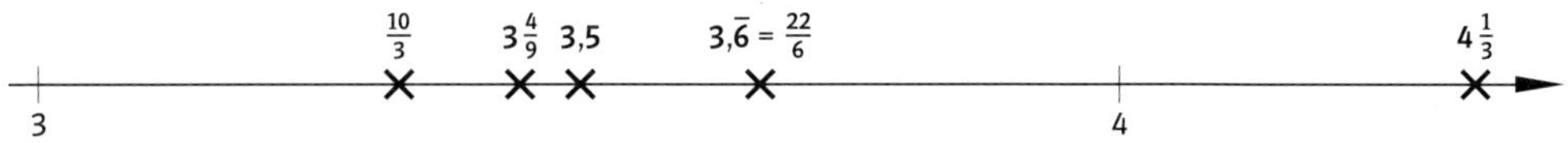


**174** zB: **a)** $\frac{6}{7}, \frac{7}{7}, \frac{8}{7}, \frac{11}{14}, \frac{13}{14}, \frac{15}{14}$

**b)** $\frac{61}{100}, \frac{63}{100}, \frac{64}{100}, \frac{65}{100}, \frac{66}{100}, \frac{67}{100}$

**c)** $\frac{151}{200}, \frac{152}{200}, \frac{154}{200}, \frac{156}{200}, \frac{157}{200}, \frac{159}{200}$

**d)** $\frac{15}{63}, \frac{16}{63}, \frac{17}{63}, \frac{18}{63}, \frac{23}{63}, \frac{25}{63}, \frac{26}{63}$

**e)** $1\frac{113}{140}, 1\frac{114}{140}, 1\frac{115}{140}, 1\frac{116}{140}, 1\frac{117}{140}, 1\frac{119}{140}$

**f)** $2\frac{65}{96}, 2\frac{66}{96}, 2\frac{67}{96}, 2\frac{68}{96}, 2\frac{70}{96}, 2\frac{71}{96}$

**175** **A, C, D**

**176** **a)** $\frac{9}{20}, \frac{10}{20} = \frac{1}{2}, \frac{11}{20}$ **b)** $\frac{5}{200}, \frac{6}{200} = \frac{3}{100}, \frac{7}{200}$ **c)** $\frac{13}{100}, \frac{14}{100} = \frac{7}{50}, \frac{15}{100} = \frac{3}{20}$

**177** **a) 1)** $\frac{3}{6} = \frac{1}{2}$ **2)** $\frac{2}{6}, \frac{3}{6}, \frac{4}{6}$ **c) 1)** $\frac{10}{14} = \frac{5}{7}$ **2)** $\frac{4}{7}, \frac{5}{7}, \frac{6}{7}$

**b) 1)** $\frac{7}{10}$ **2)** $\frac{6}{10}, \frac{7}{10}, \frac{8}{10}$ **d) 1)** $\frac{4}{6} = \frac{2}{3}$ **2)** $\frac{6}{12}, \frac{8}{12}, \frac{9}{12}$

**178** a) 1) $\frac{2}{6} = \frac{1}{3}$ 2) Einheitsstrecke 6 cm! Nein

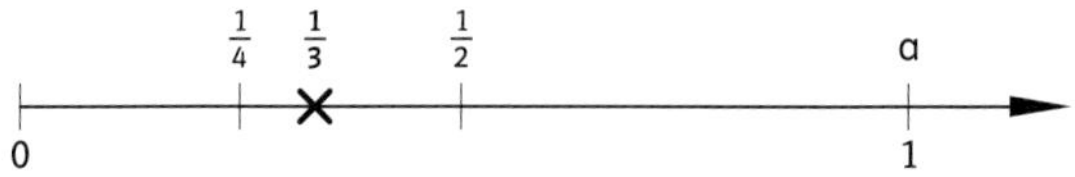


b) 1) $\frac{10}{20} = \frac{1}{2}$ 2) Einheitsstrecke 10 cm! Ja

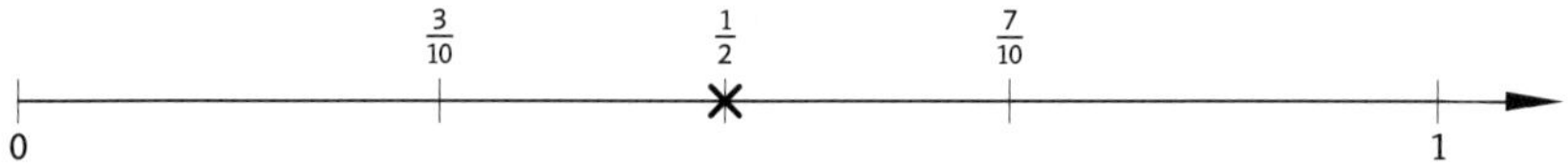


c) 1) $\frac{2}{9}$ 2) Einheitsstrecke 9 cm! Nein

d) 1) $\frac{3}{10}$ 2) Einheitsstrecke 10 cm! Ja

**179** zB: $\frac{5}{7}$; $\frac{7}{10}$; $\frac{9}{13}$; $\frac{8}{11}$; $\frac{11}{15}$

**180** 1) Susas Behauptung stimmt!

2)

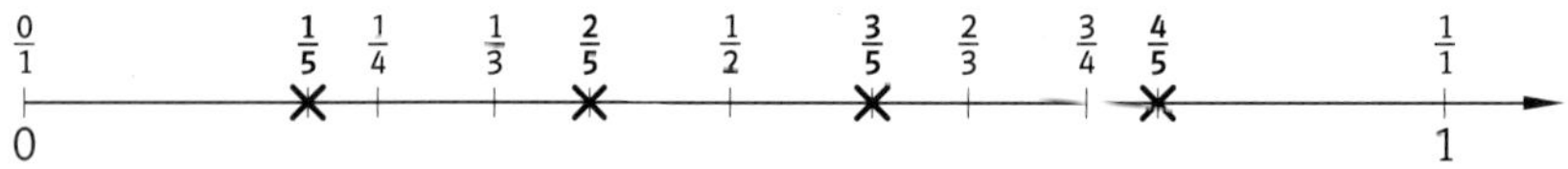


Susas Behauptung stimmt auch hier!

**181** a)

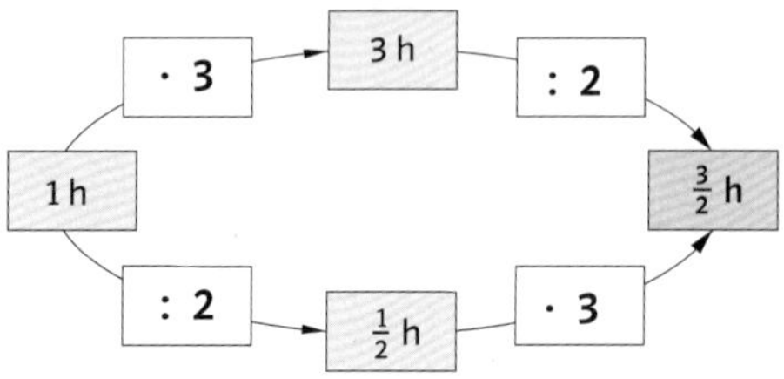


b)

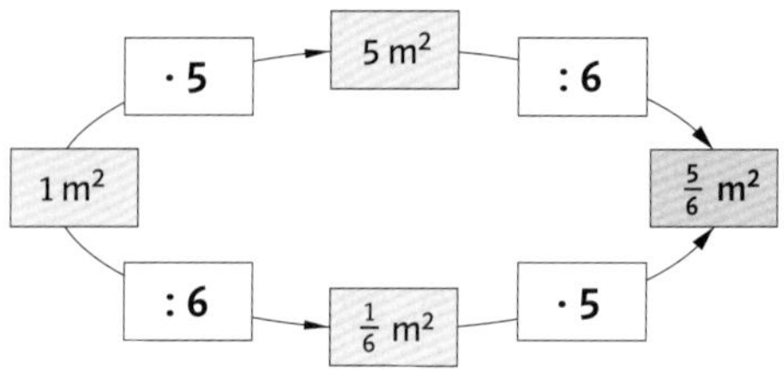


**182**

a) 9 m
b) 9 $cm^2$
c) 9 kg
d) 35 min
e) 6 $m^3$
f) 18 km
g) 210°
h) 210°

**183** 1) Arbeite genau!

2) a) 15 mm b) 32 mm c) 10 mm

**184** a) Die Klasse besteht aus 9 Mädchen und 15 Buben.

b) Die Klasse besteht aus 20 Mädchen und 4 Buben.

**185** Für Nahrungsmittel und Wohnungskosten werden 1150 € und für gemeinsame Aktivitäten 184 € verwendet.

**186** 1) Sie muss noch 600 m laufen.

2) Die gesamte Laufstrecke und den bereits gelaufenen Anteil.

3) zB: Wie weit ist Carina bereits gelaufen?

**187** 1) zB: Einheitsstrecke 12 cm!

| Sehr gut | Gut | Befriedigend | Genügend | Nicht genügend |
|---|---|---|---|---|
| 6 | 4 | 8 | 6 | 0 |

2) $\frac{1}{4}$ der Klasse hatte ein Genügend.

**188** Emma erhält 96 €, Jonathan 72 € und Lena ebenfalls 72 €.

**189** a) 9 l Wasser b) 18 l Wasser c) 4,5 l Wasser d) 10,8 l Wasser

**190** a) 10 kg Pilze b) 30 kg Pilze c) 2 kg Pilze d) 11 kg Pilze

**191** a) 15 m sind $\frac{1}{2}$ von 30 m. c) 18 km sind $\frac{3}{4}$ von 24 km.
b) 3 h sind $\frac{1}{3}$ von 9 h. d) 12 $m^2$ sind $\frac{2}{5}$ von 30 $m^2$

**192** Die Längen verhalten sich wie:
a) 2 : 1 c) 2 : 3 e) 5 : 6
b) 2 : 5 d) 10 : 7 f) 5 : 7

**193** Die längere Seite des Rechtecks beträgt:
a) 60 cm b) 90 cm c) 45 cm d) 50 cm

**194** Die Länge des Modells einer E-Lok beträgt:
a) $\frac{20\,000}{87}$ mm ≈ 230 mm (229,8…) b) $\frac{24\,000}{87}$ mm ≈ 276 mm (275,8…)

**195** Der LKW-Zug verhält sich zu seinem Modell wie:
a) 50 : 1 b) 200 : 1 c) 25 : 1

**196** a) 3 : 1 b) 5 : 3 c) 6 : 5

**197** Die Länge des Spielzeugautos beträgt:
a) 15 cm b) 17,5 cm

**198** Die Straße ist a) um 13 km, b) um 9 km, c) um 11,6 km länger als die Luftlinie.

**199** Die Spannweite beträgt in der Wirklichkeit:
a) 10,8 m b) 14,4 m

**200** Der Parthenon ist 69,3 m lang.

**201** 1) Die Höhe des Mittelschiffs beträgt 15,80 m.
2) Die Säulen sind rund 5,27 m (5,266…) hoch.
3) Das Mittelschiff-Fenster ist rund 2,63 m (2,633…) hoch.

**202** a) 1) $\frac{5}{18}$ des Schuljahrs 2) $\frac{13}{18}$ des Schuljahrs 3) 5 : 13
b) 1) $\frac{21}{45}$ des Schuljahrs 2) $\frac{24}{45}$ des Schuljahrs 3) 7 : 8
c) 1) $\frac{1}{2}$ des Schuljahrs 2) $\frac{1}{2}$ des Schuljahrs 3) 1 : 1
d) 1) $\frac{2}{3}$ des Schuljahrs 2) $\frac{1}{3}$ des Schuljahrs 3) 2 : 1

**203** Drau: rund 3 : 1; Inn: rund 2 : 1; Lech: rund 1 : 1; Kamp: rund 3 : 5; Mur: rund 9 : 5

**204** In der 2C-Klasse gibt es relativ gesehen mehr Mädchen, weil $\frac{13}{25} > \frac{1}{2}$ sind.

**205** a) 2A: 1) A: $\frac{3}{5}$; F: $\frac{2}{5}$ 2) A: 0,6; F: 0,4 3) A: 60 %; F: 40 %
2B: 1) A: $\frac{5}{12}$; F: $\frac{7}{12}$ 2) A: 0,42 ($0{,}41\overline{6}\ldots$); F: 0,58 ($0{,}58\overline{3}\ldots$) 3) A: 42 %; F: 58 %
2C: 1) A: $\frac{2}{5}$, F: $\frac{3}{5}$ 2) A: 0,4; F: 0,6 3) A: 40 %; F: 60 %
2D: 1) A: $\frac{3}{4}$; F: $\frac{1}{4}$ 2) A: 0,75; F: 0,25 3) A: 75 %; F: 25 %
b) 1) A: $\frac{51}{93}$; F: $\frac{42}{93}$ 2) A: 0,55 (0,548…); F: 0,45 (0,451…) 3) A: 55 %; F: 45 %

**206** Voraussichtlich 100 Batterien aus der ganzen Kiste funktionieren noch.

**207** 1) $\frac{1}{25}$ der Lieferung besteht voraussichtlich aus schlechten Eiern.
2) Die Angaben zur Kontrolle einer Lieferung.
3) zB: Wie viele schlechte Eier werden voraussichtlich in der gesamten Lieferung sein?
Die Lieferung enthält 8 schlechte Eier.

**208** 1) Auf dem kleineren Parkplatz gibt es noch 300 freie Plätze, auf dem größeren Parkplatz nur mehr 240 freie Plätze.
2) Auf dem kleineren Parkplatz, weil dort mehr freie Plätze verfügbar sind.

**209**

| | |
|---|---|
| 5 % einer Lieferung von 800 Werkstücken sind defekt. | A |
| 8 % von 400 kg Äpfel waren verdorben. | B |
| 20 % von 120 Ehepaaren sind kinderlos. | C |

| | |
|---|---|
| 1 | 32 |
| 2 | 40 |
| 3 | 24 |

**210** zB: 54-mal „Kopf" und 46-mal „Zahl"
1)
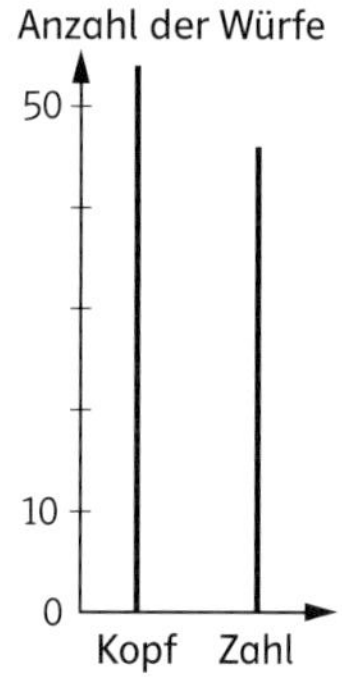


2) 0,54 = 54 % der Würfe ergaben „Kopf" und 0,46 = 46 % ergaben „Zahl".

**211**

a) 1) $\frac{10}{10}\,m = 1\,m$ 2) $0{,}3\,m + 0{,}7\,m = 1\,m$

b) 1) $\frac{4}{2}\,kg = 2\,kg$ 2) $0{,}5\,kg + 1{,}5\,kg = 2\,kg$

c) 1) $6\frac{1}{5}$ 2) $3{,}7 + 2{,}5 = 6{,}2$

d) 1) 6 2) $2{,}125 + 3{,}875 = 6$

e) 1) $\frac{5}{4}\,h = 1\frac{1}{4}\,h$ 2) $0{,}75\,h + 0{,}5\,h = 1{,}25\,h$

f) 1) $\frac{9}{2}\,m^2 = 4\frac{1}{2}\,m^2$ 2) $2{,}5\,m^2 + 2\,m^2 = 4{,}5\,m^2$

g) 1) $6\frac{1}{2}$ 2) $4{,}75 + 1{,}75 = 6{,}5$

h) 1) 5 2) $3{,}7 + 1{,}3 = 5$

i) 1) $\frac{3}{4}\,t$ 2) $0{,}5\,t + 0{,}25\,t = 0{,}75\,t$

j) 1) $\frac{4}{5}\,m$ 2) $0{,}4\,m + 0{,}4\,m = 0{,}8\,m$

k) 1) $1\frac{1}{2}$ 2) $4{,}25 - 2{,}75 = 1{,}5$

l) 1) $2\frac{1}{2}$ 2) $9{,}5 - 7 = 2{,}5$

m) 1) $\frac{10}{8}\,l = 1\frac{1}{4}\,l$ 2) $0{,}875\,l + 0{,}375\,l = 1{,}25\,l$

n) 1) $\frac{8}{8}\,kg = 1\,kg$ 2) $0{,}375\,kg + 0{,}625\,kg = 1\,kg$

o) 1) $1\frac{1}{2}$ 2) $4{,}125 - 2{,}625 = 1{,}5$

p) 1) $1\frac{1}{2}$ 2) $5{,}375 - 3{,}875 = 1{,}5$

**212**

zB: a) Einheitsstrecke 3 cm

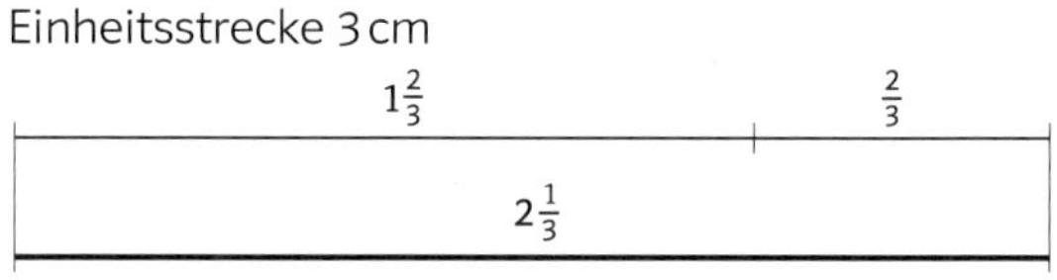


b) Einheitsstrecke 1 cm

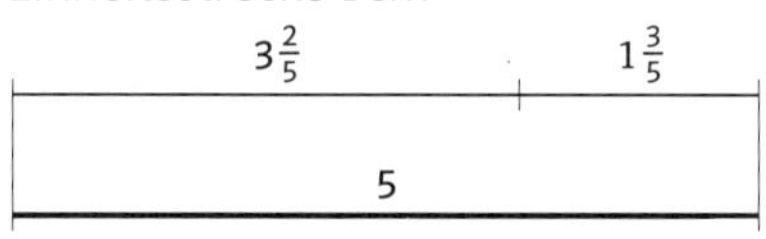


c) Einheitsstrecke 2 cm

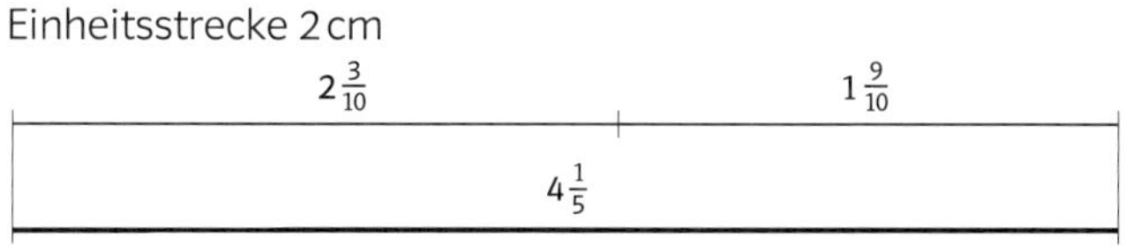


d) Einheitsstrecke 2 cm

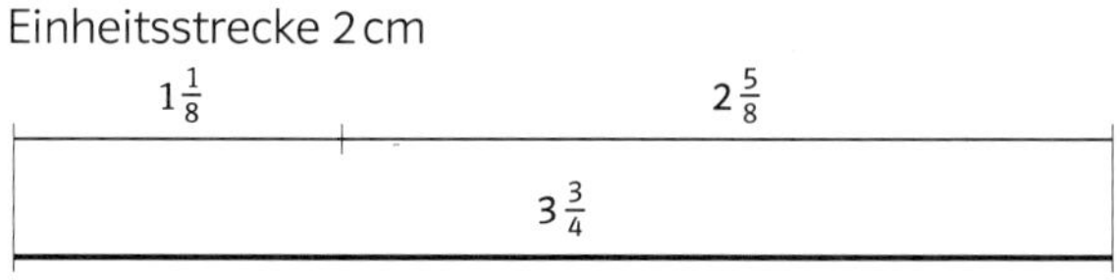


e) Einheitsstrecke 3 cm

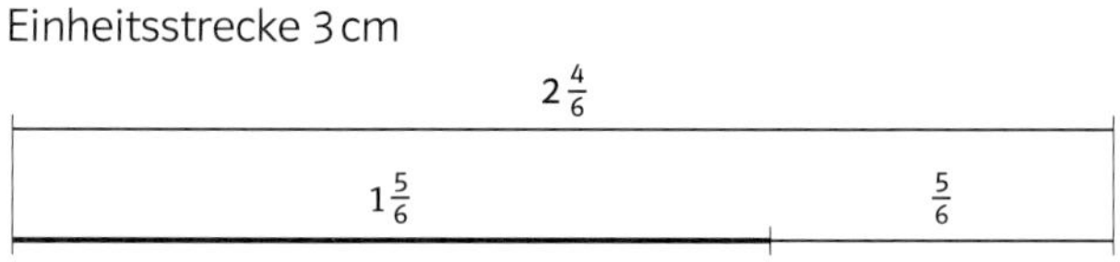

**212** **f)** Einheitsstrecke 7 cm

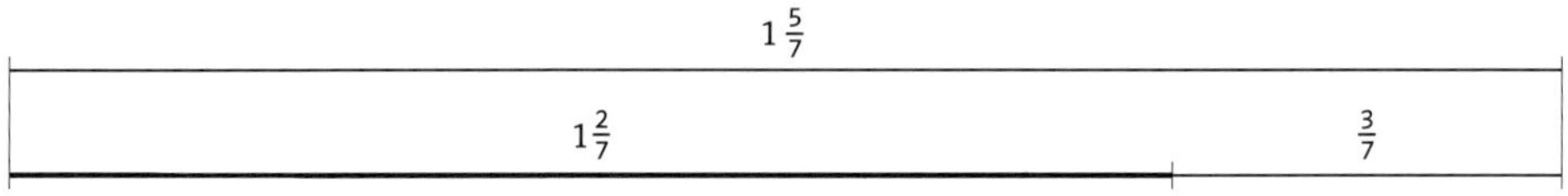


**g)** Einheitsstrecke 2 cm

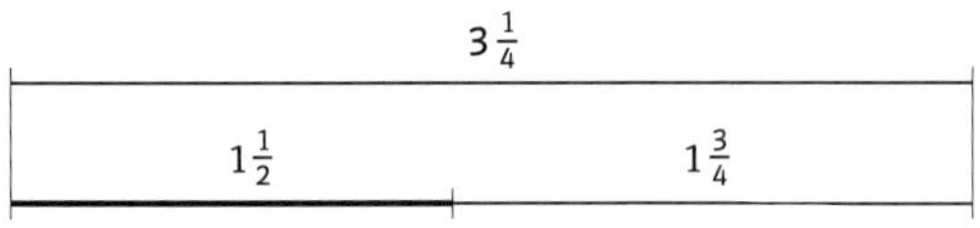


**h)** Einheitsstrecke 3 cm

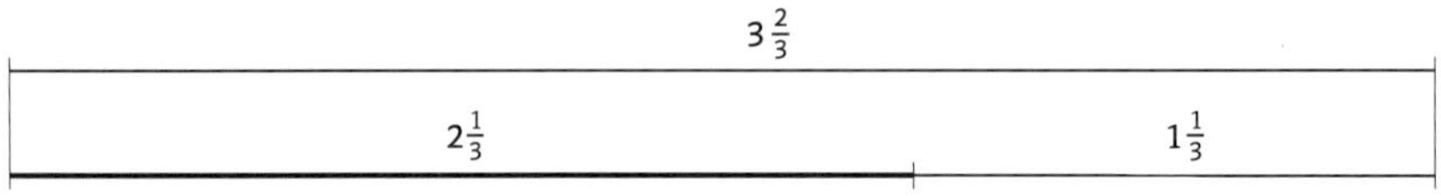


**213** zB: **a)** Es wird – von $1\frac{1}{5}$ ausgehend – jeweils $1\frac{1}{5}$ addiert.
$1\frac{1}{5}, 2\frac{2}{5}, 3\frac{3}{5}, 4\frac{4}{5}, 6, 7\frac{1}{5}, 8\frac{2}{5}, 9\frac{3}{5}, 10\frac{4}{5}, 12$
**b)** Es wird – von $\frac{2}{3}$ ausgehend – jeweils $\frac{2}{3}$ addiert.
$\frac{2}{3}, 1\frac{1}{3}, 2, 2\frac{2}{3}, 3\frac{1}{3}, 4, 4\frac{2}{3}, 5\frac{1}{3}, 6, 6\frac{2}{3}, 7\frac{1}{3}, 8$
**c)** Es wird – von $5\frac{5}{9}$ ausgehend – jeweils $\frac{5}{9}$ subtrahiert.
$5\frac{5}{9}, 5, 4\frac{4}{9}, 3\frac{8}{9}, 3\frac{3}{9}, 2\frac{7}{9}, 2\frac{2}{9}, 1\frac{6}{9}, 1\frac{1}{9}, \frac{5}{9}, 0$

**214** **1)** $\frac{3}{4}h + \frac{3}{4}h + 3\frac{3}{4}h + 2\frac{1}{4}h = 7\frac{1}{2}h$; Der Wandertag dauert $7\frac{1}{2}$ h.
**2)** Alle Zeitangaben
**3)** zB: Wie groß ist der Anteil der Kinder mit Rucksack? Der Anteil beträgt $\frac{1}{3}$.

K **215** **1)** Vergleiche mit Buch Seite 57!

**2)** **a)** $\frac{5}{8}$ **b)** $\frac{3}{10}$ **c)** $\frac{5}{6}$ **d)** $\frac{1}{12}$

**216** **a)** $1\frac{1}{4}$ km **c)** $\frac{27}{40}m^2$ **e)** $\frac{1}{12}$ **g)** $\frac{7}{20}$ **i)** $\frac{11}{24}$
**b)** $1\frac{1}{10}$ m **d)** $\frac{13}{24}m^3$ **f)** $\frac{1}{5}$ **h)** $\frac{13}{30}$ **j)** $\frac{13}{30}$

**217** Man erhält $\frac{9}{8}$.

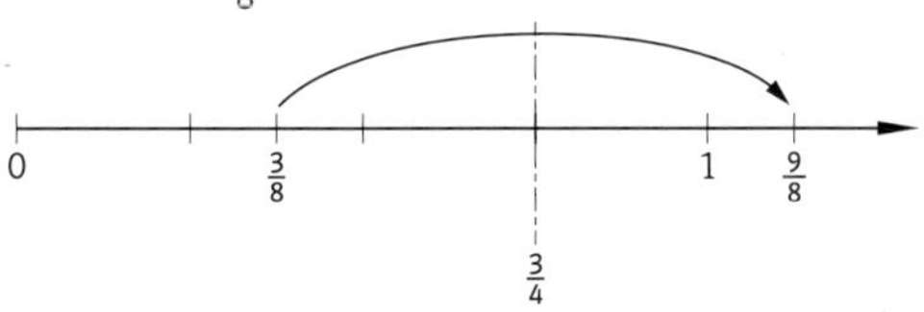


**218** **a)** $\frac{1}{3}$ **b)** $\frac{3}{4}$ **c)** $1\frac{3}{4}$

**219** **A** $6\frac{1}{2}$, **B** $2\frac{1}{4}$, **C** $3\frac{1}{24}$, **D** $4\frac{11}{30}$, **E** $4\frac{5}{8}$, **F** $3\frac{8}{9}$, **G** $4\frac{1}{8}$, **H** $3\frac{1}{10}$

**220** zB: **A** Richtig, weil $\frac{4}{5} > \frac{3}{5}$ ist. **C** Richtig, weil $\frac{1}{3} < \frac{2}{3}$ ist. **E** Richtig, weil $\frac{1}{3} < \frac{1}{2}$ ist.

**B** Richtig, weil $\frac{1}{3} > \frac{1}{4}$ ist. **D** Richtig, weil $\frac{4}{5} > \frac{3}{5}$ ist. **F** Falsch, weil $\frac{1}{3} > \frac{1}{4}$ ist.

**221** a)

| | | | |
|---|---|---|---|
| $\frac{1}{8}$ | $1\frac{7}{8}$ | $1\frac{3}{4}$ | $\frac{1}{2}$ |
| $1\frac{1}{2}$ | $\frac{3}{4}$ | $\frac{7}{8}$ | $1\frac{1}{8}$ |
| 1 | $1\frac{1}{4}$ | $1\frac{3}{8}$ | $\frac{5}{8}$ |
| $1\frac{5}{8}$ | $\frac{3}{8}$ | $\frac{1}{4}$ | 2 |

b)

| | | | | |
|---|---|---|---|---|
| $\frac{1}{3}$ | + | $1\frac{1}{2}$ | = | $1\frac{5}{6}$ |
| + | | + | | + |
| $\frac{1}{4}$ | + | $\frac{1}{6}$ | = | $\frac{5}{12}$ |
| = | | = | | = |
| $\frac{7}{12}$ | + | $1\frac{2}{3}$ | = | $2\frac{1}{4}$ |

**222** 1) $\frac{23}{75}$ aller Lose sind Gewinnlose.

2) $\frac{52}{75}$ aller Lose sind Nieten.

3) Es gibt 30 Hauptgewinne, 200 einfache Gewinne und 520 Nieten.

**223** 1) Der Metallanteil beträgt $\frac{199}{200} = 99{,}5\,\%$.

2) Der Anteil magnetischer Elemente beträgt $\frac{9}{10} = 90\,\%$

3) Der Dauermagnet enthält 3,75 g Kohlenstoff.

**224** a) $12\frac{6}{12} - 10\frac{2}{12} + 4\frac{5}{12} = 6\frac{9}{12} = 6\frac{3}{4}$

b) $1\frac{5}{10} - \frac{6}{10} - \frac{3}{10} = \frac{6}{10} = \frac{3}{5}$

c) $3\frac{3}{6} + 2\frac{4}{6} - 4\frac{5}{6} + 1\frac{4}{6} = 2\frac{6}{6} = 3$

**225** 1) $\frac{7}{5} = 1\frac{2}{5}$ 3) $\frac{7}{5} = 1\frac{2}{5}$ 5) $\frac{7}{5} = 1\frac{2}{5}$ 7) $\frac{7}{5} = 1\frac{2}{5}$

2) $\frac{7}{5} = 1\frac{2}{5}$ 4) $\frac{7}{5} = 1\frac{2}{5}$ 6) $\frac{7}{5} = 1\frac{2}{5}$ 8) $\frac{7}{5} = 1\frac{2}{5}$

zB: Alle Ergebnisse sind gleich.
Multipliziert man den Nenner des Bruchs und die natürliche Zahl mit derselben Zahl, so bleibt das Ergebnis gleich.

K **226** 1) a) $\frac{8}{2} = 4$ c) $\frac{15}{6} = 2\frac{1}{2}$ e) $3\frac{9}{5} = 4\frac{4}{5}$

b) $\frac{10}{3} = 3\frac{1}{3}$ d) $7\frac{7}{4} = 8\frac{3}{4}$ f) $8\frac{4}{3} = 9\frac{1}{3}$

2) Vergleiche mit Buch Seite 60!

**227** a) 3 c) 4 e) 20 g) 11 i) 33 k) $16\frac{1}{3}$

b) 6 d) 9 f) 14 h) 16 j) 46 l) $19\frac{1}{2}$

**228** a) 1) $\frac{6}{5}=1\frac{1}{5}$ 2) $\frac{6}{15}$ d) 1) $\frac{4}{3}=1\frac{1}{3}$ 2) $\frac{12}{27}$ g) 1) $\frac{4}{5}$ 2) $\frac{12}{45}$
b) 1) $\frac{12}{7}=1\frac{5}{7}$ 2) $\frac{12}{21}$ e) 1) $\frac{8}{3}=2\frac{2}{3}$ 2) $\frac{24}{27}$ h) 1) $\frac{5}{6}$ 2) $\frac{15}{54}$
c) 1) $\frac{5}{2}=2\frac{1}{2}$ 2) $\frac{15}{18}$ f) 1) $\frac{10}{3}=3\frac{1}{3}$ 2) $\frac{30}{27}=1\frac{3}{27}$ i) 1) $\frac{7}{8}$ 2) $\frac{21}{72}$

3) Beim Multiplizieren einer Bruchzahl mit einer natürlichen Zahl wird der Zähler mit der Zahl multipliziert. Beim Erweitern werden der Zähler und der Nenner mit der natürlichen Zahl multipliziert.

**229** A-4, B-3, C-5, D-1, E-2

**230** zB: 1) mit 10 2) mit 20 3) mit 2

**231** a) Irenes Schulweg von und zur Schule an einem Tag dauert $1\frac{1}{2}$ h.
b) In einer Woche dauert ihr Schulweg $7\frac{1}{2}$ h.

**232** Der Umfang beträgt:
a) $2\frac{2}{5}$ m b) $2\frac{5}{6}$ m c) $27\frac{3}{4}$ m

**233** 1) Es werden 285 l Mineralwasser geliefert.
2) Es werden 173 l Mineralwasser verkauft.
3) Der Unterschied beträgt 112 l Mineralwasser.

**234** 1) a) 47,5 km b) 24 km c) 0,5 km
2) Die Kilometerangaben und die Durchschnitsgeschwindigkeit.
3) zB: Berechne den durchschnittlichen Höhenunterschied pro km.
Der durchschnittliche Höhenunterschied beträgt 3,85 m (3,845…).

**235** 1) Man benötigt 28 m Stoff.
2) Die Kosten für den Stoff betragen 249,20 €.

**236** a) $\frac{1}{15}$ b) $\frac{3}{10}$ c) $\frac{12}{35}$ d) $\frac{3}{2}=1\frac{1}{2}$ e) $\frac{2}{3}$ f) $\frac{2}{5}$ g) $\frac{3}{8}$ h) $\frac{1}{4}$

**237** zB: a) $\frac{1}{6} \cdot \frac{1}{2} = \frac{1}{12}$

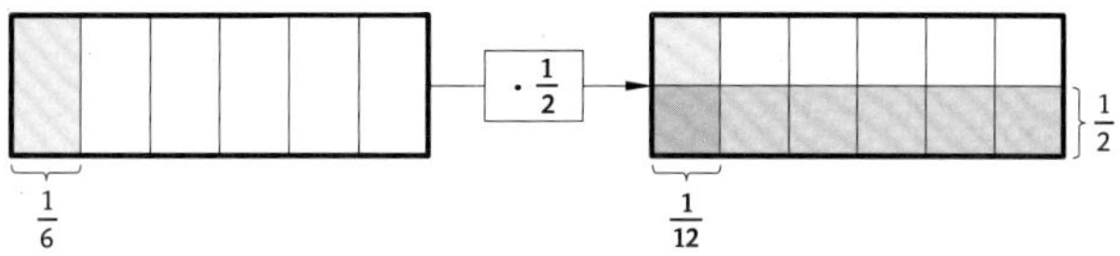


b) $\frac{2}{3} \cdot \frac{1}{4} = \frac{2}{12} = \frac{1}{6}$

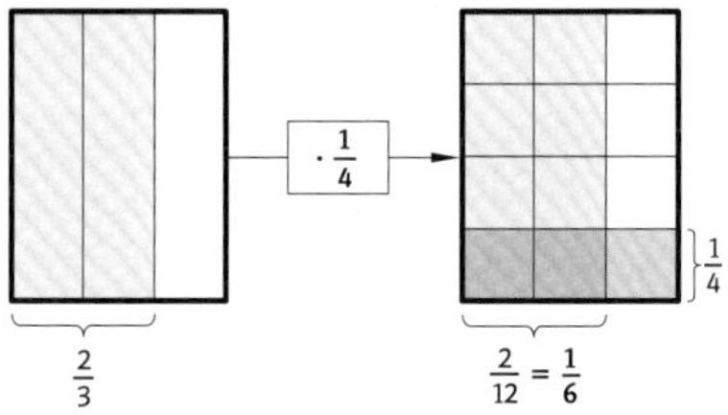


c) $\frac{3}{4} \cdot \frac{4}{5} = \frac{12}{20} = \frac{3}{5}$

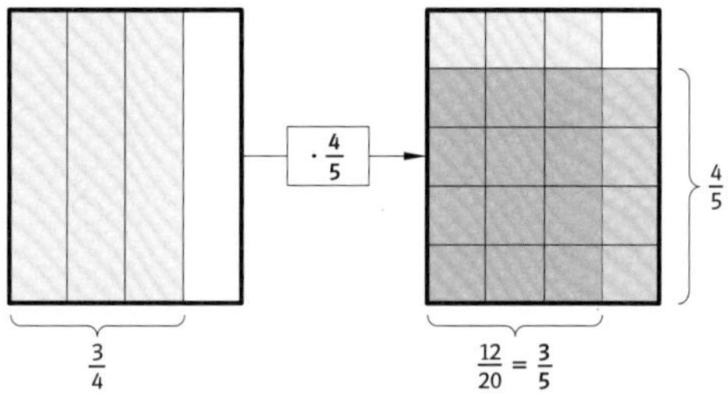


d) $\frac{5}{8} \cdot \frac{1}{2} = \frac{5}{16}$

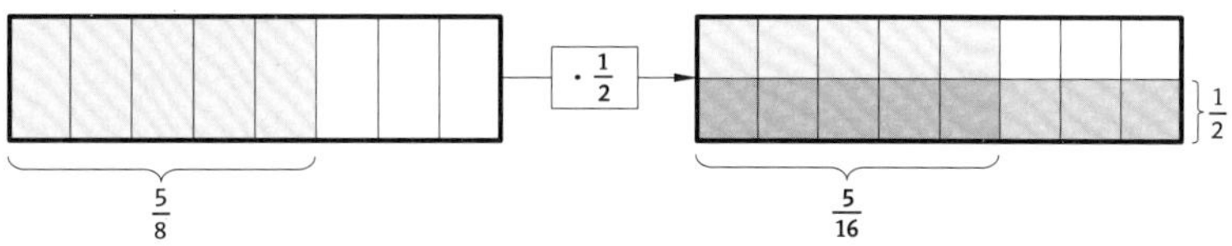


e) $\frac{2}{3} \cdot \frac{2}{5} = \frac{4}{15}$

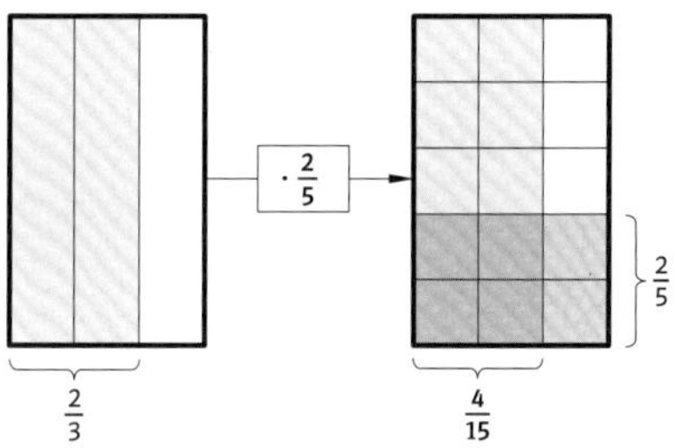


f) $\frac{3}{7} \cdot \frac{1}{3} = \frac{1}{7}$

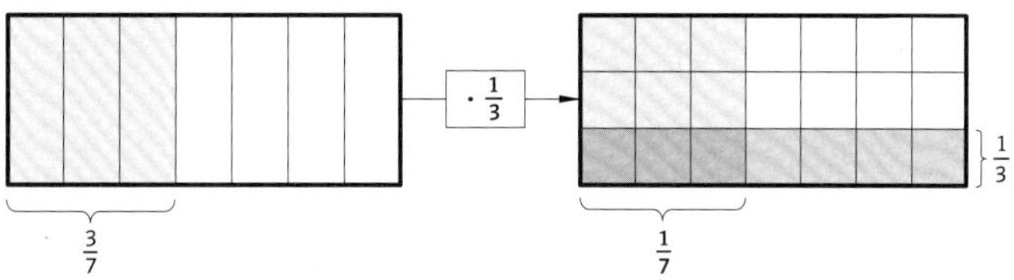


**238** a) $\frac{7}{15}$ b) $5\frac{17}{27}$ c) $112\frac{1}{110}$ d) $2\frac{5}{13}$

**239** a) $\frac{13}{16}$ b) $\frac{49}{30} = 1\frac{19}{30}$ c) $\frac{3}{2} = 1\frac{1}{2}$ d) 6 e) $\frac{15}{4} = 3\frac{3}{4}$ f) 22

**240** a) $\frac{1}{16}$ km c) $\frac{1}{2}$ dm e) $\frac{7}{10}$ kg g) $\frac{1}{2}$ t i) $\frac{3}{10}$ l
b) $\frac{2}{5}$ m d) $\frac{3}{8}$ hl f) $\frac{1}{5}$ dag h) $\frac{3}{4}$ h

**241** 1) und 2) Die Ergebnisse sind gleich.
3) Es gilt das Vertauschungsgesetz der Multiplikation!

**242** zB: A Richtig, weil $\frac{4}{5} > \frac{3}{5}$ ist. D Richtig, weil $\frac{4}{5} > \frac{3}{6} = \frac{1}{2}$ ist.
B Falsch, weil $\frac{1}{3} < \frac{1}{2}$ ist. E Falsch, weil $\frac{4}{5} < \frac{5}{5}$ ist.
C Richtig, weil $\frac{1}{3} > \frac{1}{4}$ ist. F Falsch, weil $\frac{1}{3} < \frac{2}{3}$ ist.

**243**

| | | | | | | | |
|---|---|---|---|---|---|---|---|
| B | $\frac{1}{2}$ von $\frac{3}{5}$ | A | $\frac{3}{20} \cdot 2$ | A | $\frac{3}{4}$ von $\frac{2}{5}$ | B | $\frac{3}{2} \cdot \frac{1}{5}$ |
| C | $\frac{1}{20} \cdot 4$ | B | $\frac{3}{10}$ | C | $\frac{4}{20}$ | A | $\frac{6}{20}$ |
| B | $\frac{1}{10} \cdot 3$ | C | $\frac{1}{5}$ | C | $\frac{1}{4}$ von $\frac{4}{5}$ | A | $\frac{2}{4} \cdot \frac{3}{5}$ |

**244** zB: 1) Wenn u verdoppelt wird, wird das Produkt verdoppelt,
weil $\frac{2 \cdot u \cdot x}{v \cdot y}$ doppelt so groß wie $\frac{u \cdot x}{v \cdot y}$ ist.
2) Wenn x verdoppelt wird, wird das Produkt verdoppelt,
weil $\frac{u \cdot 2 \cdot x}{v \cdot y}$ doppelt so groß wie $\frac{u \cdot x}{v \cdot y}$ ist.
3) Wenn y verdoppelt wird, wird das Produkt halbiert,
weil $\frac{u \cdot x}{v \cdot 2 \cdot y}$ halb so groß wie $\frac{u \cdot x}{v \cdot y}$ ist.
4) Wenn v verdoppelt wird, wird das Produkt halbiert,
weil $\frac{u \cdot x}{2 \cdot v \cdot y}$ halb so groß wie $\frac{u \cdot x}{v \cdot y}$ ist.
5) Wenn u und x verdoppelt werden, wird das Produkt vervierfacht,
weil $\frac{2 \cdot u \cdot 2 \cdot x}{v \cdot y} = \frac{4 \cdot u \cdot x}{v \cdot y}$ 4-mal so groß wie $\frac{u \cdot x}{v \cdot y}$ ist.
6) Wenn x und y verdoppelt werden, bleibt das Produkt gleich,
weil $\frac{u \cdot 2 \cdot x}{v \cdot 2 \cdot y} = \frac{u \cdot x}{v \cdot y}$ ist.

**245** a) 1) $1\frac{35}{36}$ 2) $1\frac{5}{36}$ 3) $\frac{3}{4}$ b) 1) $1\frac{1}{12}$ 2) 4 3) $3\frac{13}{30}$ c) 1) $4\frac{7}{12}$ 2) $3\frac{3}{4}$ 3) $6\frac{1}{6}$

**246** a) 1) zB: 2, 5, 10 2) zB: $\frac{1}{2}, \frac{1}{3}, \frac{1}{5}$ b) Der Faktor muss 1) größer als 1, 2) kleiner als 1 sein.

**247** Die Fahrzeit beträgt 6 min.

**248** Die Jeans kostet jetzt 24,40 €.

**249** **1)** Die Wanderschuhe haben früher 108 € gekostet.
**2)** Die Wanderschuhe kosten jetzt 72 €.

**250** **1)** $\frac{2}{5}$ der Kinder haben eine Katze als Haustier.
**2)** **a)** 15 Kinder haben ein Haustier. **b)** 10 Kinder haben eine Katze.

**251** Der Pazifische Ozean nimmt rund $\frac{7}{20}$, der Atlantische Ozean nimmt rund $\frac{21}{100}$ und der Indische Ozean nimmt rund $\frac{7}{50}$ der Erdoberfläche ein.

**252** Herr Adam hat **a)** 210 €, **b)** 50 €, **c)** 42 € eingezahlt.

**253** **a)** Man muss **1)** mit 2, **2)** mit $\frac{4}{3}$, **3)** mit $\frac{6}{5}$, **4)** mit $\frac{3}{7}$ multiplizieren.
**b)** Man muss den Bruch $\frac{a}{b}$ mit $\frac{b}{a}$ multiplizieren um 1 zu erhalten.

**254** **1)** Die Ware kostete nach der ersten Preissenkung 480 €.
**2)** Nach der zweiten Preissenkung kostete die Ware 400 €.
**3)** Nach der zweiten Preissenkung kostete die Ware $\frac{2}{3}$ des ursprünglichen Preises.

**255** **1)** $\frac{1}{4}$ der Theatergruppe hat Pizza als Lieblingsessen.
**2)** Die Anzahl der Personen in der Theatergruppe und die Spieldauer des Stückes.
**3)** zB: Wie viele Personen haben Pizza als Lieblingsessen?
6 Personen haben Pizza als Lieblingsessen.

**256** **1)** Er hat den ganzzahligen Anteil nicht als Bruch dargestellt. **2)** $8\frac{9}{20}$

**257** **1)** Das Tor fällt in der 35. Minute. **2)** Weil es sich hier um Zeitangaben (1 h = 60 min) handelt.

**258** Das Ergebnis ist **1)** größer, **2)** gleich, **3)** kleiner als die Bruchzahl.

**259**

| ① | |
|---|---|
| gleich | |
| beide größer als 1 | |
| beide Stammbrüche sind | ✗ |

| | ② |
|---|---|
| ✗ | wieder ein Stammbruch |
| | nie größer als 0 |
| | immer größer als 2 |

**260**
**a)** $\frac{1}{8}$ kg Probe: $\frac{1}{8}\,\text{kg} \cdot 3 = \frac{3}{8}\,\text{kg}$
**b)** $\frac{2}{10}$ m Probe: $\frac{2}{10}\,\text{m} \cdot 4 = \frac{8}{10}\,\text{m}$
**c)** $\frac{2}{5}$ t Probe: $\frac{2}{5}\,\text{t} \cdot 2 = \frac{4}{5}\,\text{t}$
**d)** $\frac{1}{4}$ kg Probe: $\frac{1}{4}\,\text{kg} \cdot 7 = \frac{7}{4}\,\text{kg}$
**e)** $\frac{5}{32}$ l Probe: $\frac{5}{32}\,\text{l} \cdot 4 = \frac{5}{8}\,\text{l}$
**f)** $\frac{7}{30}$ h Probe: $\frac{7}{30}\,\text{h} \cdot 5 = \frac{7}{6}\,\text{h}$
**g)** $\frac{1}{10}$ l Probe: $\frac{1}{10}\,\text{l} \cdot 8 = \frac{4}{5}\,\text{l}$
**h)** $\frac{3}{4}$ t Probe: $\frac{3}{4}\,\text{t} \cdot 2 = \frac{3}{2}\,\text{t}$
**i)** $\frac{4}{15}$ g Probe: $\frac{4}{15}\,\text{g} \cdot 6 = \frac{8}{5}\,\text{g}$
**j)** $\frac{3}{16}$ ha Probe: $\frac{3}{16}\,\text{ha} \cdot 6 = \frac{9}{8}\,\text{ha}$

**261** zB: **a)**

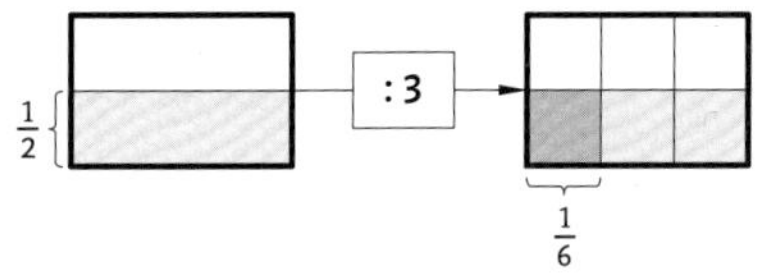


**b)**

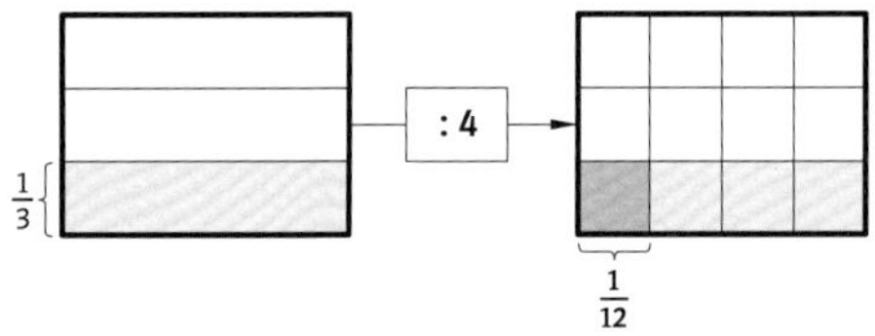


**c)**

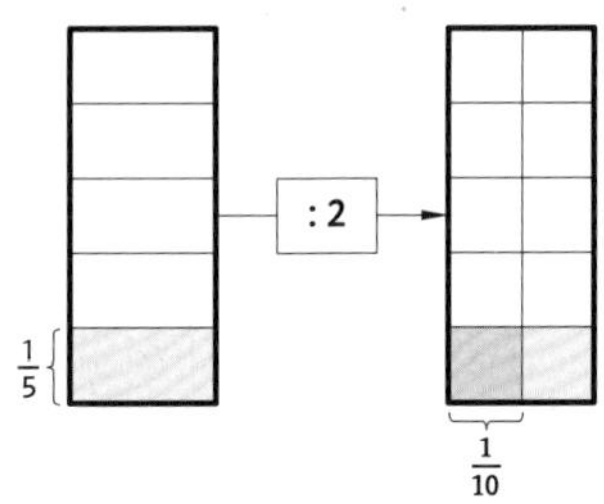


**d)**

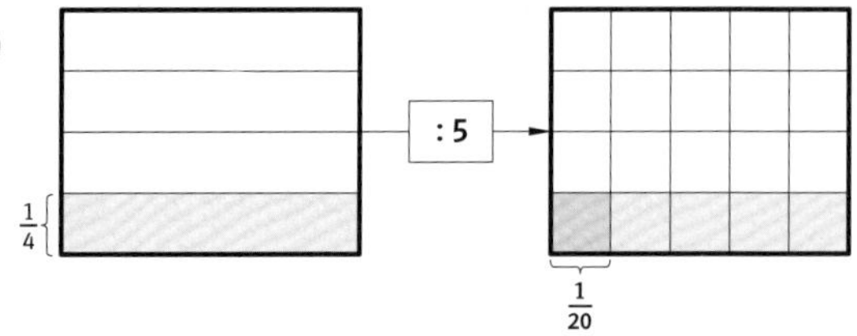


**e)**

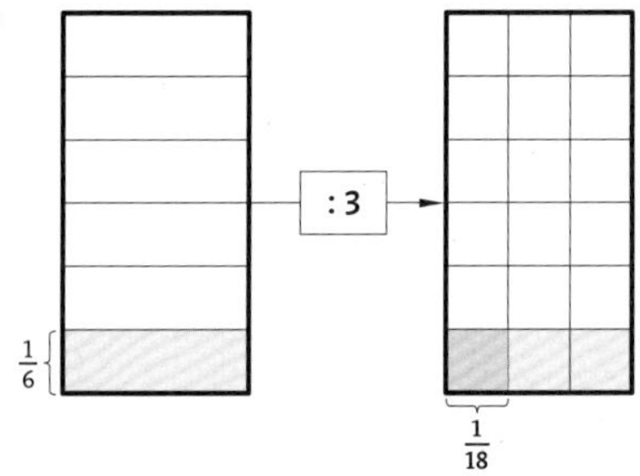


**f)**

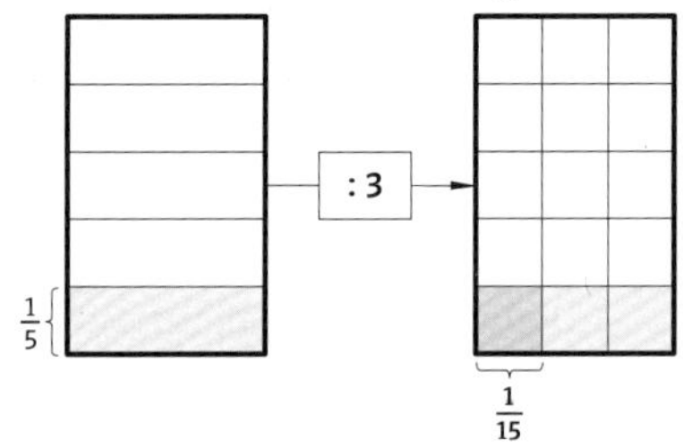


**262** **A-5, B-1, C-6, D-4, E-2, F-3**

**263** **1)** Der Nenner wird mit der natürlichen Zahl multipliziert und der Zähler bleibt gleich.
**2)** $\frac{u}{v} : w = \frac{u}{v \cdot w}$ $(v, w \neq 0)$

**264** Der Bienenzüchter kann füllen:
**a)** 16 Gläser **c)** 80 Gläser **e)** 24 Gläser **g)** 48 Gläser
**b)** 40 Gläser **d)** 8 Gläser **f)** 120 Gläser

**265** Es können gefüllt werden:
**a)** 60 Gläser **b)** 90 Gläser **c)** 100 Gläser **d)** 120 Gläser **e)** 240 Gläser

**266** zB: **a)** Einheitsstrecke 4 cm $1 : \frac{1}{2} = 2$

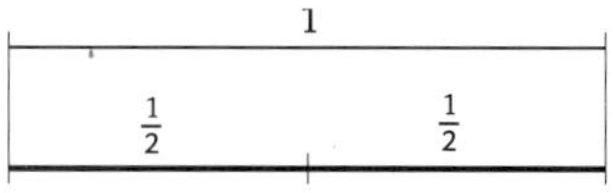


**b)** Einheitsstrecke 6 cm $1 : \frac{1}{3} = 3$

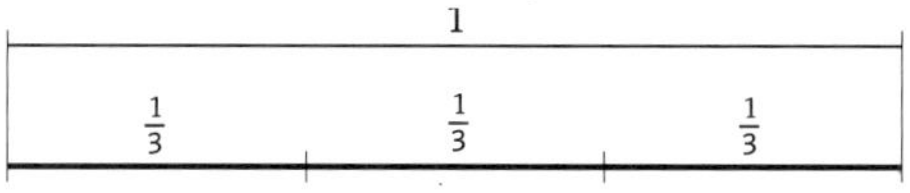


**c)** Einheitsstrecke 4 cm $2 : \frac{1}{4} = 8$

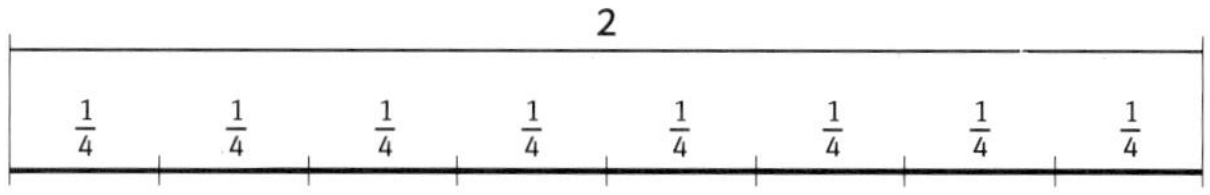


**d)** Einheitsstrecke 4 cm $2 : \frac{1}{8} = 16$

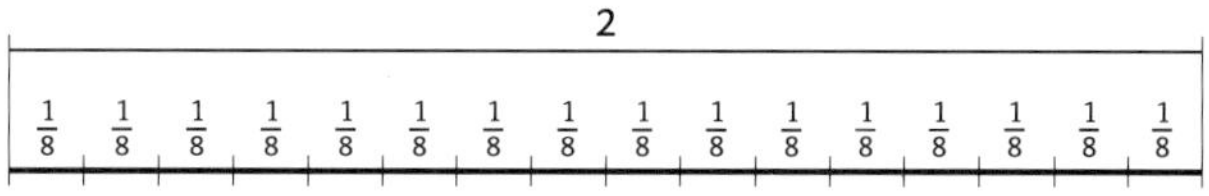


**e)** Einheitsstrecke 3 cm $4 : \frac{2}{3} = 6$

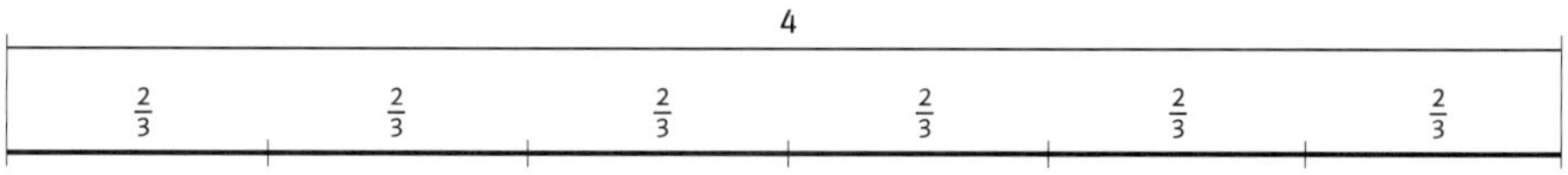


**267** **a)** 6 Probe: $6 \cdot \frac{1}{2} = 3$

**b)** 32 Probe: $32 \cdot \frac{1}{8} = 4$

**c)** 28 Probe: $28 \cdot \frac{1}{4} = 7$

**d)** 8 Probe: $8 \cdot \frac{1}{4} = 2$

**e)** 45 Probe: $45 \cdot \frac{1}{5} = 9$

**f)** 6 Probe: $6 \cdot \frac{5}{6} = 5$

**g)** $\frac{2}{3}$ Probe: $\frac{2}{3} \cdot \frac{15}{2} = 5$

**h)** $\frac{8}{3} = 2\frac{2}{3}$ Probe: $\frac{8}{3} \cdot \frac{3}{2} = 4$

**268** zB: Man muss die gegebene Zahl mit ihrem Kehrwert multiplizieren.
Der Kehrwert lautet:

**a)** 3 **b)** $\frac{5}{2} = 2\frac{1}{2}$ **c)** $a$ **d)** $\frac{b}{a}$ **e)** $\frac{1}{100}$ **f)** $\frac{1}{2 \cdot x}$ **g)** $\frac{5 \cdot r}{2}$

**269** **1)** **a)** 6 s **b)** 9 s **c)** 30 s

**2)** Die Geschwindigkeit des Schalls.

**3)** zB: Wie lange dauert es, bis der Beobachter den Schall in 5 km Entfernung hört? Es dauert 15 s.

**270** 1) a) $\frac{7}{2}=3\frac{1}{2}$ b) 8 c) 12 d) $\frac{1}{10}$ e) $\frac{1}{73}$ f) $\frac{5}{11}$ g) $\frac{a}{2}$ h) $\frac{v}{u}$ i) $\frac{5}{a}$ j) $\frac{1}{3\cdot a}$

2) zB: Bei der Multiplikation einer Bruchzahl mit ihrem Kehrwert ist das Ergebnis immer 1.

**271** a) $\frac{21}{10}=2\frac{1}{10}$ Probe: $\frac{21}{10}\cdot\frac{2}{7}=\frac{3}{5}$

b) $\frac{50}{72}=\frac{25}{36}$ Probe: $\frac{25}{36}\cdot\frac{9}{10}=\frac{5}{8}$

c) $\frac{20}{9}=2\frac{2}{9}$ Probe: $\frac{20}{9}\cdot\frac{3}{5}=\frac{4}{3}$

d) $\frac{9}{10}$ Probe: $\frac{9}{10}\cdot\frac{4}{9}=\frac{2}{5}$

e) $\frac{7}{2}=3\frac{1}{2}$ Probe: $\frac{7}{2}\cdot\frac{5}{4}=\frac{35}{8}=4\frac{3}{8}$

f) $\frac{7}{2}=3\frac{1}{2}$ Probe: $\frac{7}{2}\cdot\frac{9}{7}=\frac{9}{2}=4\frac{1}{2}$

g) $\frac{8}{5}=1\frac{3}{5}$ Probe: $\frac{8}{5}\cdot\frac{35}{6}=\frac{28}{3}=9\frac{1}{3}$

h) $\frac{4}{9}$ Probe: $\frac{4}{9}\cdot\frac{27}{16}=\frac{3}{4}$

**272** a) $\frac{10}{9}=1\frac{1}{9}$ b) 2 c) $\frac{112}{5}=22\frac{2}{5}$ d) $\frac{8}{3}=2\frac{2}{3}$ e) $\frac{2}{3}$ f) $\frac{21}{5}=4\frac{1}{5}$ g) $\frac{20}{7}=2\frac{6}{7}$ h) $\frac{29}{13}=2\frac{3}{13}$ i) 8 j) $\frac{10}{3}=3\frac{1}{3}$

**273** zB: a) Richtig, weil $\frac{4}{5}>\frac{3}{5}$ ist. c) Richtig, weil $\frac{1}{3}<\frac{1}{2}$ ist.

b) Falsch, weil $\frac{4}{5}<\frac{5}{5}$ ist. d) Richtig, weil $\frac{1}{3}<2$ ist.

**274** a)

| | $:\frac{1}{2}$ | $:\frac{3}{4}$ | $:\frac{2}{5}$ |
|---|---|---|---|
| $\frac{1}{2}$ | 1 | $\frac{2}{3}$ | $\frac{5}{4}=1\frac{1}{4}$ |
| $\frac{2}{3}$ | $\frac{4}{3}=1\frac{1}{3}$ | $\frac{8}{9}$ | $\frac{5}{3}=1\frac{2}{3}$ |
| 4 | 8 | $\frac{16}{3}=5\frac{1}{3}$ | 10 |

b)

| | $:\frac{3}{4}$ | $:\frac{1}{2}$ | $:\frac{5}{6}$ |
|---|---|---|---|
| $\frac{3}{4}$ | 1 | $\frac{3}{2}=1\frac{1}{2}$ | $\frac{9}{10}$ |
| $\frac{1}{2}$ | $\frac{2}{3}$ | 1 | $\frac{3}{5}$ |
| $\frac{5}{6}$ | $\frac{10}{9}=1\frac{1}{9}$ | $\frac{5}{3}=1\frac{2}{3}$ | 1 |

**275** 8 Chormitglieder spielen ein Streichinstrument.

**276** 1) Die Rechnung ermittelt die Länge der zweiten Seitenlänge.
2) Die Seitenlänge beträgt $1\frac{13}{20}$ m.

**277** 1) Die durchschnittliche Geschwindigkeit beträgt $3\frac{21}{25}$ km pro Stunde.
2) Die Länge und die Zeitdauer der Wanderung.
3) zB: Wie viel kg Süßigkeiten haben alle Kinder gemeinsam? Es sind $8\frac{4}{5}$ kg.

**278** a) $\frac{1}{3}$ b) $\frac{1}{63}$ c) 0

**279** a) 2 b) 0

**280** a) 1) $1\frac{5}{8}$ 2) $2\frac{2}{3}$ b) 1) $\frac{149}{72}$ 2) $4\frac{8}{9}$ c) 1) $2\frac{11}{21}$ 2) $1\frac{21}{25}$

**281** **A-2, B-4, C-3, D-1**

**282**

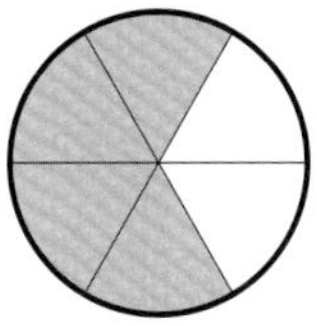

**283** **1)** Der Wert des Bruches wird halbiert.
**2)** Der Wert des Bruches wird verdreifacht.
**3)** Der Wert des Bruches bleibt gleich.
**4)** Der Wert des Bruches bleibt gleich.

**284** **1)** **A:** 12, 24, 36 **B:** 15, 30, 45 **C:** 35, 70, 105 **D:** 24, 48, 72
**2)** **A:** kgV(4, 6) = 12; $\frac{9}{12}$ und $\frac{10}{12}$ **C:** kgV(5, 7) = 35; $\frac{14}{35}$ und $\frac{5}{35}$
**B:** kgV(5, 3) = 15; $\frac{9}{15}$ und $\frac{10}{15}$ **D:** kgV(6, 8) = 24; $\frac{4}{24}$ und $\frac{15}{24}$
**3)** bei **B** und **C**; ggT(5, 3) = 1 und ggT(5, 7) = 1

**285** $\frac{17}{24}$

**286** Jessica: 80 g, Thomas: 60 g, Elif: $57\frac{1}{7}$ g, Sven: 54 g

**287** Ein Stück Torte wiegt 180 g.

**288** **a)** 12 kg **b)** 72 m **c)** 10 cm **d)** 72 €

**289** **a)** zB: Der relative Anteil der Gewinnzahlen bei Karins Glücksrad beträgt $\frac{3}{10}$ und bei Matthias' Glücksrad $\frac{8}{40} = \frac{2}{10}$. Da $\frac{3}{10} > \frac{2}{10}$ ist, ist die Gewinnchance bei Karins Glücksrad größer.
**b)** Irmgard muss 18 Gewinnzahlen wählen, da $\frac{18}{60} = \frac{3}{10}$.

**290** **a)** 14 Kekse sind ohne Schokolade.
**b)** 7 Kekse sind mit Schokolade und Marmelade.
**c)** $\frac{1}{5}$ der Kekse sind mit Schokolade und Marmelade.
**d)** $\frac{2}{5}$ der Kekse sind mit Marzipan.

**291** **C**

**292** **1)** Die Hälfte aller Schülerinnen und Schüler fährt Schi.
**2)** Das sind 200 Schülerinnen und Schüler.

**293** **B**

**294** richtig: **B**, **D**, **E**; falsch: **A**, **C**

**295** **a)** 60 cm **b)** 125 g **c)** 125 $mm^2$ **d)** 105 min

**296** $\frac{3}{5}$ ist genau zwischen $\frac{2}{5}$ und $\frac{4}{5}$. Es gibt aber noch unendlich viele Bruchzahlen zwischen $\frac{2}{5}$ und $\frac{3}{5}$, zB: $\frac{1}{2}$, $\frac{8}{15}$, …

**297** 1) 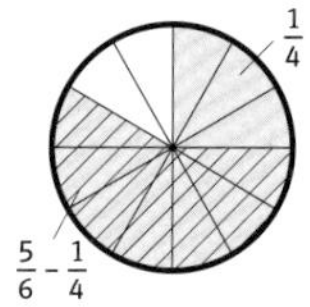


2) $\frac{7}{12}$

**298** Die Gesamtmasse beträgt $1\frac{1}{12}$ kg.

**299** 12 Lehrerinnen und Lehrer fahren mit dem Auto.

**300** a) $\frac{70}{100}$ b) $\frac{75}{100}$ c) $\frac{55}{75}$ d) $\frac{60}{75}$ e) $\frac{50}{75}$ f) $\frac{18}{45}$

**301** 1) zB: Nacheinander werden aus einem vollen Kanister $\frac{3}{4}$ l, $\frac{1}{8}$ l und $1\frac{1}{2}$ l entnommen.
2) Es sind noch $3\frac{1}{8}$ l im Kanister.

**302** 1) a) $\frac{1}{10}$ b) $\frac{4}{25}$ c) $\frac{5}{15} = \frac{1}{3}$ d) $\frac{2}{10} = \frac{1}{5}$ e) $\frac{3}{50}$ f) $\frac{6}{10} = \frac{3}{5}$
2) a) $\frac{1}{2}$ b) $\frac{4}{5}$ c) $\frac{5}{3} = 1\frac{2}{3}$ d) $\frac{2}{2} = 1$ e) $\frac{3}{10}$ f) $\frac{6}{2} = 3$
3) Beim Dividieren von Brüchen wird nur der Zähler dividiert. Beim Kürzen von Brüchen werden Zähler und Nenner dividiert.

**303** 1) durch 3 2) Die Zahl muss kleiner als 3 sein.

**304**

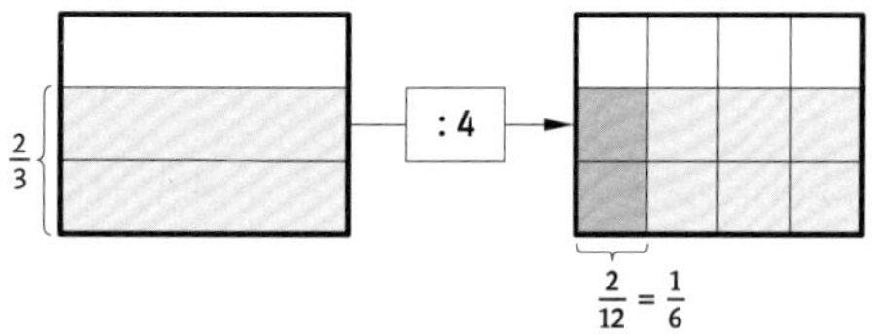


**305** 1) Die Seitenlänge beträgt $\frac{7}{5}$ cm. 2) Der Flächeninhalt beträgt $\frac{49}{25}$ cm$^2$.

**306** 1) Die kürzere Seite ist $2\frac{5}{12}$ dm lang. 2) Der Umfang beträgt $15\frac{1}{2}$ dm.

**307** 1) weil $\left(\frac{2}{5} : 4\right) \cdot 3 = \frac{6}{20}$
2) Es bedeutet $\frac{3}{4}$ von $\frac{2}{5}$, dh: $\left(\frac{3}{4} : 5\right) \cdot 2 = \frac{6}{20}$
3) $\frac{a}{b} \cdot \frac{c}{d} = \left(\frac{a}{b} : d\right) \cdot c = \frac{a \cdot c}{b \cdot d}$ oder $\frac{a}{b} \cdot \frac{c}{d} = \left(\frac{a}{b} \cdot c\right) : d = \frac{a \cdot c}{b \cdot d}$

**308** 1) Der Quotient wird verdoppelt. 2) Der Quotient wird verdoppelt. 3) Der Quotient wird halbiert.

**309** a) 1) richtig
2) falsch, die Zähler und die Nenner wurden addiert; $\frac{1}{2} \cdot \frac{1}{3} = \frac{1}{6}$
3) falsch, es wurde nicht mit dem Kehrwert multipliziert; $\frac{1}{2} : \frac{1}{3} = \frac{3}{2}$
4) richtig
5) richtig

b) 1) richtig
2) falsch, es wurde falsch gekürzt; $\frac{2}{3} \cdot \frac{3}{4} \cdot \frac{4}{5} = \frac{2}{5}$
3) richtig
4) falsch, Zähler bzw. Nenner wurden subtrahiert; $\frac{5}{6} - \frac{1}{2} = \frac{1}{3}$
5) falsch, die Differenz wurde falsch gerechnet; $\left(2 - 1\frac{2}{4}\right) \cdot 4 = 2$

c) 1) richtig
2) falsch, eine Differenz wurde gekürzt; $\frac{8 \cdot 7}{14 - 2} = \frac{8 \cdot 7}{12} = \frac{14}{3}$
3) falsch, eine Summe wurde gekürzt; $\frac{8 \cdot 7}{14 + 2} = \frac{8 \cdot 7}{16} = \frac{7}{2}$
4) richtig
5) falsch, die Differenz wurde falsch gerechnet; $\left(2\frac{1}{2} - 2\right) \cdot 2 = 1$

**310** $4\frac{2}{3}$

**311** 1) Es wird die Flugzeit berechnet.
2) Die Flugzeit beträgt rund 9 h 28 min 53 s $\left(34133\frac{1}{3}\,\text{s}\right)$.

**312** … $\frac{6}{5}$ … Division durch eine Bruchzahl … Malzeichen.
…1.

**313** a) 1 b) $3\frac{14}{15}$ c) $2\frac{2}{15}$ d) 2

**314** 1) ① $\frac{1}{12}$, ② $\frac{1}{6}$, ③ $\frac{1}{12}$, ④ $\frac{1}{6}$, ⑤ $\frac{1}{3}$, ⑥ $\frac{1}{6}$
2) zB: ② + ④ + ⑥ = $\frac{1}{2}$; ① + ③ + ⑤ = $\frac{1}{2}$; ① + ② + ③ = $\frac{1}{3}$; ④ + ⑥ = $\frac{1}{3}$

**315** bis **331** siehe Buch Seite 280!

# C Prozentrechnung

**332**

| | a) | b) | c) | d) | e) | f) | g) |
|---|---|---|---|---|---|---|---|
| **Prozentangabe** | 1% | 5% | 10% | 20% | 25% | 50% | 75% |
| **Bruch** | $\frac{1}{100}$ | $\frac{5}{100}=\frac{1}{20}$ | $\frac{10}{100}=\frac{1}{10}$ | $\frac{20}{100}=\frac{1}{5}$ | $\frac{25}{100}=\frac{1}{4}$ | $\frac{50}{100}=\frac{1}{2}$ | $\frac{75}{100}=\frac{3}{4}$ |
| **Dezimalzahl** | 0,01 | 0,05 | 0,1 | 0,2 | 0,25 | 0,5 | 0,75 |

**333**

| | a) | b) | c) | d) | e) |
|---|---|---|---|---|---|
| **Dezimalzahl** | 0,04 | 0,40 | 0,25 | 1,23 | 2,05 |
| **Bruch** | $\frac{4}{100}=\frac{1}{25}$ | $\frac{40}{100}=\frac{2}{5}$ | $\frac{25}{100}=\frac{1}{4}$ | $\frac{123}{100}=1\frac{23}{100}$ | $\frac{205}{100}=2\frac{1}{20}$ |
| **Prozentangabe** | 4% | 40% | 25% | 123% | 205% |

**334**

| | a) | b) | c) | d) |
|---|---|---|---|---|
| **Bruch** | $\frac{3}{10}$ | $\frac{13}{20}$ | $\frac{3}{4}$ | $\frac{5}{2}$ |
| **Dezimalzahl** | $\frac{30}{100}=0{,}3$ | $\frac{65}{100}=0{,}65$ | $\frac{75}{100}=0{,}75$ | $2\frac{50}{100}=2{,}5$ |
| **Prozentangabe** | 30% | 65% | 75% | 250% |

**335**

| | a) | b) | c) | d) | e) | f) | g) |
|---|---|---|---|---|---|---|---|
| **Prozentangabe** | 25% | $12\frac{1}{2}$% | 15% | 20% | 70% | 120% | 150% |
| **Bruch** | $\frac{1}{4}$ | $\frac{1}{8}$ | $\frac{15}{100}=\frac{3}{20}$ | $\frac{1}{5}$ | $\frac{7}{10}$ | $\frac{120}{100}=1\frac{1}{5}$ | $1\frac{1}{2}$ |
| **Dezimalzahl** | 0,25 | 0,125 | 0,15 | 0,20 | 0,7 | 1,20 | 1,5 |

**336**

| | | G | W | p% |
|---|---|---|---|---|
| **a)** | 5% von 100€ sind 5€. | 100€ | 5€ | 5% |
| **b)** | 1% von 250€ sind 2,50€. | 250€ | 2,50€ | 1% |
| **c)** | 250€ sind 50% von 500€. | 500€ | 250€ | 50% |
| **d)** | 150€ sind 300% von 50€. | 50€ | 150€ | 300% |

**337** **a) 1)** $\frac{1}{5}$ **2)** 0,2 **3)** 20% **c) 1)** $\frac{3}{6}=\frac{1}{2}$ **2)** 0,5 **3)** 50%

**b) 1)** $\frac{2}{8}=\frac{1}{4}$ **2)** 0,25 **3)** 25% **d) 1)** $\frac{6}{9}=\frac{2}{3}$ **2)** $0{,}\overline{6}$ **3)** $66\frac{2}{3}$%

**338** a) 1)

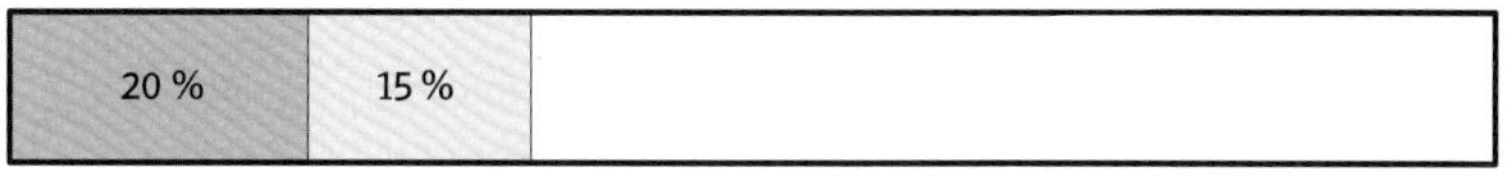


2) Auf das Ganze fehlen noch 65%.

b) 1)

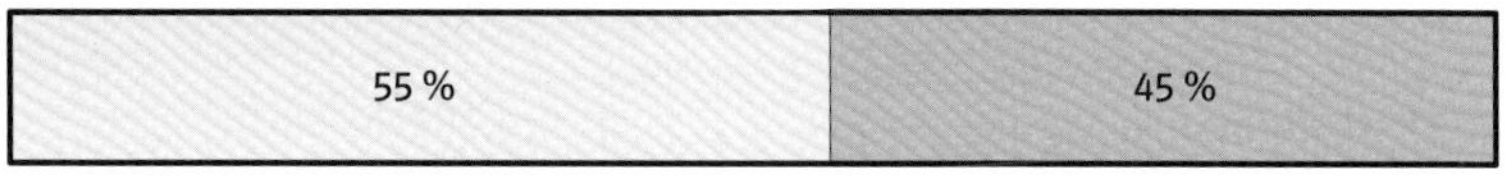


2) Auf das Ganze fehlen noch 0%.

c) 1)

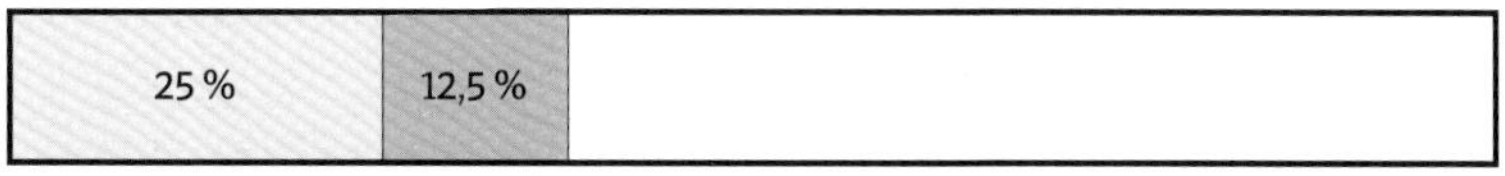


2) Auf das Ganze fehlen noch 62,5%.

d) 1)

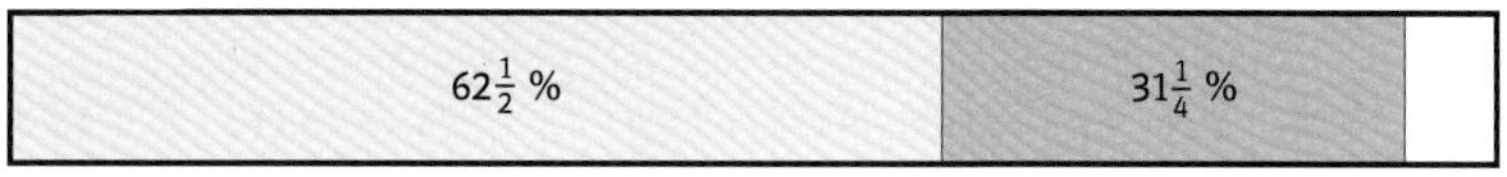


2) Auf das Ganze fehlen noch $6\frac{1}{4}$%.

**339** a) 1)

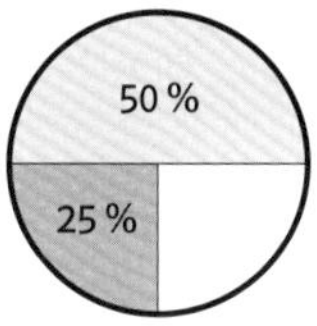


2) Es fehlen 25%.

b) 1)

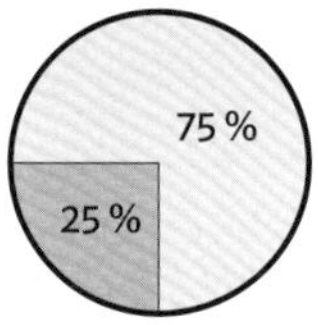


2) Es fehlen 0%.

c) 1)

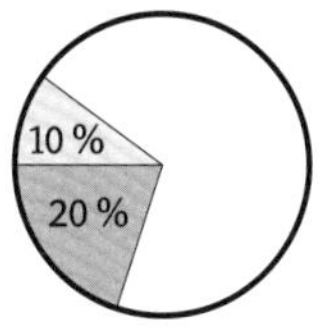


2) Es fehlen 70%.

d) 1)

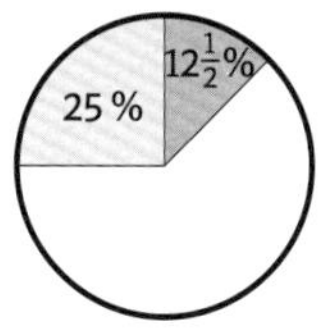


2) Es fehlen $62\frac{1}{2}$%.

**340** zB: **a)** rund 45% **b)** rund 10% **c)** rund 80% **d)** rund 60% **e)** rund 40%

**341** zB: **a)** rund 40% **b)** rund 70% **c)** rund 45%

**342** **A6, B5, C1, D2, E4, F3**

**343** a)

| Grundwert | 20 % | 30 % | 70 % |
|---|---|---|---|
| 100 € | 20 € | 30 € | 70 € |
| 250 € | 50 € | 75 € | 175 € |
| 1500 € | 300 € | 450 € | 1050 € |
| 3200 € | 640 € | 960 € | 2240 € |

b)

| Grundwert | 50 % | 25 % | 75 % |
|---|---|---|---|
| 8 € | 4 € | 2 € | 6 € |
| 7,2 m | 3,6 m | 1,8 m | 5,4 m |
| 58,8 $m^2$ | 29,4 $m^2$ | 14,7 $m^2$ | 44,1 $m^2$ |
| $\frac{1}{2}$ kg | $\frac{1}{4}$ kg | $\frac{1}{8}$ kg | $\frac{3}{8}$ kg |

c)

| Grundwert | 1 ‰ | 0,5 ‰ | 10 ‰ |
|---|---|---|---|
| 60 kg | 0,06 kg | 0,03 kg | 0,6 kg |
| 75 kg | 0,075 kg | 0,0375 kg | 0,75 kg |
| 90 kg | 0,09 kg | 0,045 kg | 0,9 kg |
| 102 kg | 0,102 kg | 0,051 kg | 1,02 kg |

d)

| Grundwert | 0,5 ‰ | 5 ‰ | 50 ‰ |
|---|---|---|---|
| 16000 € | 8 € | 80 € | 800 € |
| 1 m | 0,5 mm | 5 mm | 50 mm |
| 2,5 t | 1,25 kg | 12,5 kg | 125 kg |
| 30 hl | 1,5 l | 15 l | 150 l |

**344** 1) und 2)
a) 5 € c) 5,25 € e) 2,5 kg g) 4 dag i) 12,5 kg
b) 15 € d) 12,40 € f) 0,25 kg h) 0,5 dag j) 1,5 t

**345** a) 480 € b) 1500 € c) 20 kg d) 5,5 kg e) 1200 m f) 960 m

**346** a) **C:** 65 € b) **B:** 300 m c) **A:** 0,3 t d) **C:** 1,35 km

**347** a) 405 € b) 540 € c) 999 € d) 482,24 € e) 2107 €

**348** Frau Müller bezahlt:
a) 27 € b) 24,30 € c) 31,50 € d) 85,50 € e) 100,80 € f) $\left(x \cdot \frac{9}{10}\right)$ €

**349** Das dritte Angebot (15 580,80 €) ist das günstigste.

**350** a) 270,25 € b) 183,75 € c) 21,38 € (21,384) d) 136,88 € e) 7654,50 €

**351** a) Der Preisnachlass beträgt **1)** 30 %, **2)** 45 %.
b) Die Ware kostet am letzten Tag 82,50 €.

**352** 1) **C**
2) zB: **A**; Ein Auto wird um 8 % teurer.
Wie viel Euro sind zu bezahlen, wenn der Preis 13 490 € betrug?
**B**; Ein Autohaus gewährt 20 % Sonderrabatt.
Was kostet das Auto, wenn der Listenpreis 13 490 € beträgt.

**353** 1) **A**
2) zB: **B**; Zum Faschingsfest kommen mit den 110 KIndern der zweiten Klassen 10 % Freundinnen und Freunde mit.
Wie viele Kinder nehmen insgesamt teil?
**C**; Von den 110 Kindern waren 10 % krank.
Wie viele Kinder waren das?

**354** 1) **B**
2) zB: **A**; Im März betrug die Rechnung 99 €.
Im April beträgt die Rechnung um 40 % mehr als im März.
Wie viel Euro sind im April zu bezahlen?
**C**; Beim sofortigen Bezahlen einer Rechnung über 99 € wird ein Skonto von 4 % gewährt.
Berechne den zu zahlenden Betrag!

**355** zB: **a)** Gundi kauft sich neue Reitstiefel um 105 €. Sie bezahlt bar und erhält 3 % Skonto. Wie viel muss sie bezahlen?
**b)** Herr Groß hat im letzten Jahr 25 % zugenommen. Vor einem Jahr wog er 75 kg. Wie schwer ist er heute?
**c)** Marvin erhält um 3 % mehr Taschengeld als Nico. Nico bekommt 50 € im Monat. Wie viel mehr erhält Marvin?

**356**
**a) 1)** Die MwSt. beträgt 50 €. **2)** Die Kaffeemaschine kostet 300 €.
**b) 1)** Die MwSt. beträgt 3 740 €. **2)** Das Auto kostet 22 440 €.
**c) 1)** Die MwSt. beträgt 39,40 €. **2)** Die Autoreparatur kostet 236,40 €.
**d) 1)** Die MwSt. beträgt 3,30 €. **2)** Das Lexikon kostet 36,30 €.
**e) 1)** Die MwSt. beträgt 67 €. **2)** Der Schrank kostet 402 €.
**f) 1)** Die MwSt. beträgt 358 €. **2)** Der Swimmingpool kostet 2 148 €.

**357** Kilian ist vom falschen Grundwert ausgegangen. Dieser beträgt 50 € und daher beträgt die Mehrwertsteuer 10 €.

**358**
**1)** Preis nach der 1. Preissenkung: 1 402,50 €
Preis nach der 2. Preissenkung: 1 262,25 €
**2)** 76,5 %
**3)** Toms Vorschlag ist falsch, da nach der 1. Preissenkung ein neuer Grundwert (1 402,50 €) gilt.

**359**
**a) 1)** 50 % **2)** 25 % **3)** 20 %
**b) 1)** 25 % **2)** 50 % **3)** 200 %

**360**
**a)** 20 % **c)** 75 % **e)** 25 % **g)** 15 %
**b)** 4 % **d)** 60 % **f)** 3 % **h)** 30 %

**361**
**a)** 16,5 % (16,47…) **c)** 19 % **e)** 97,0 % (97,02…)
**b)** 36 % **d)** 3,2 % (3,21…) **f)** 34,3 % (34,31…)

**362**
**a) 1)** 2A: Buben: 23,1 % (23,07…), Mädchen: 18,2 % ($18,\overline{18}$)
2B: Buben: 33,3 % ($33,\overline{3}$), Mädchen: 25 %
2C: Buben: 20 %, Mädchen: 33,3 % ($33,\overline{3}$)
2D: Buben: 9,1 % ($9,\overline{09}$), Mädchen: 16,7 % ($16,\overline{6}$)
**2)** Buben: 21,7 % (21,73…), Mädchen: 24 %
**b)** zB: In der 2B-Klasse gibt es relativ gesehen mehr kranke Kinder als in der 2A-Klasse. Prozentuell gibt es in der 2. Klasse mehr Mädchen, die krank sind.

**363** Die Steigerung beträgt bei Firma A 16,7 % (16,66…) bzw. $\frac{1}{6}$ und bei Firma B 22,2 % (22,22…) bzw. $\frac{2}{9}$.

**364**
**1)** **A** und **B**: Das Taschengeld wurde um 25 % erhöht.
**2)** Das Gehalt und die Gehaltserhöhung von Frau Konrad wurden nicht verwendet.
zB: Wie viel verdient Frau Konrad nach der Gehaltserhöhung? 1732,50 €

**365** Die Erhöhung beträgt **a)** rund 3,0 % (2,95…), **b)** rund 4,4 % (4,43…).

**366** **a)** Die Verkürzung des Seewegs beträgt rund 27,6 % (27,56…).
**b)** Die Verkürzung des Seewegs beträgt rund 42,8 % (42,78…).

**367** **a)** 31,25 ‰ **b)** 64,3 ‰ (64,28…) **c)** 7,1 ‰ (7,14…) **d)** 193,75 ‰ **e)** 2,7 % (2,67…)

**368** **a)** 24 ‰ **b)** 9,1 ‰ (9,09…) **c)** 4,2 ‰ (4,16…) **d)** 9,2 ‰ (9,23…)

**369** **a)** 1280 € **c)** 160 dag **e)** 917,29 € (917,293…)
**b)** 72 kg **d)** 500 € **f)** 751,82 € (751,818…)

**370** **a)** 700 € **c)** 200 kg **d)** 240 m
**b)** 125 g **d)** 6,8 m (6,81…) **f)** 1,12 km (1,120…)

**371** **a)** 400 m **c)** 400 m **e)** 200 kg
**b)** 50 g **d)** 44 h **f)** 5 €

**372** **a)** 2 000 **c)** 6 000 **e)** 2 000
**b)** 2 500 **d)** 8 700 **f)** 3 125

**373** **a)** Christopher hätte 3 h 10 min telefonieren können.
**b)** **1)** Melanie kann noch 9 Minuten im Internet surfen.
**2)** Mit einem vollen Akku kann sie 3 h 45 min im Internet surfen.

**374** **a)** 107,25 € **b)** 87,25 € **c)** 62 €

**375** **D, E**

**376** Die gesamten Baukosten betragen 192 500 €.

**377** Im Jahr zuvor wurden 60 000 m Straße erneuert.

**378** **a)**
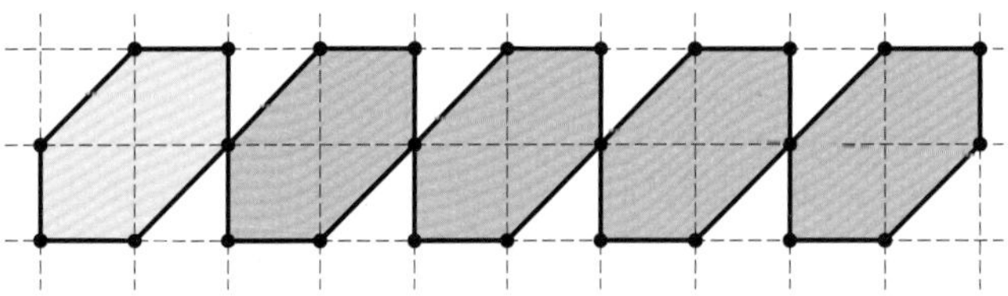

**c)**
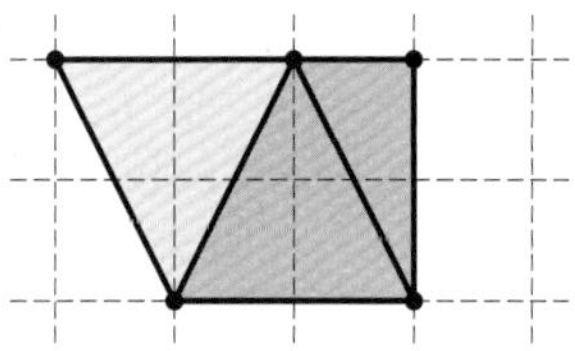

**b)**
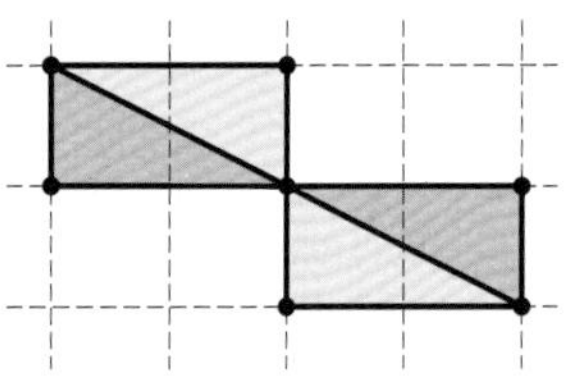

**d)**
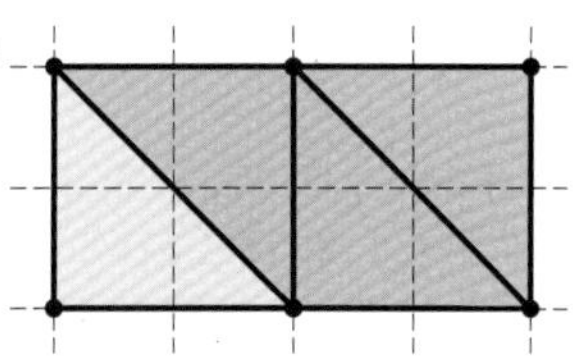

**379** **a)** Die Ware kostet nach dem Preisnachlass 220,80 €.
**b)** zB: Die 20 % werden jeweils von verschiedenen Grundwerten berechnet.

**380** Ihr Mann hat unrecht, da von verschiedenen Grundwerten ausgegangen wird. Der Preis bleibt gleich.

**381** 5 Kinder haben ungültig gewählt.

**382** **1)** Du erhältst 198.
**2)** zB: 200 um 10 % vermehrt ergibt eine größere Zahl als 200.
10 % von der neuen Zahl sind daher größer als 10 % von 200.

**383** Das „Leider" ist nicht berechtigt, da am Leichtathletikwettbewerb rund 45 % (44,9…) der Teilnehmerinnen und Teilnehmer aus Matthias Gymnasium waren, aber 48 % der Medaillenplätze erobert wurden.

K **384** **1)** **a)** 50 m **b)** 60 m **c)** 125 m **d)** 175 m **e)** 400 m **f)** 500 m
**2)** 500 m ≙ 50 mm

**385** **a)** 0,72 m **b)** 0,99 m **c)** 18 m **d)** 130 m

**386** **a)**

| **Teilstrecke** | (G)-Küb | Küb-(K) | (K)-(B) | (B)-(S) | (S)-(Sp./S) | (Sp./S)-(M) |
|---|---|---|---|---|---|---|
| **Steigung** | 6,6 ‰ | 29,29 ‰ (29,285…) | 18,4 ‰ | 17,17 ‰ (17,166…) | 15 ‰ | 18,33 ‰ (18,333…) |

**b)**

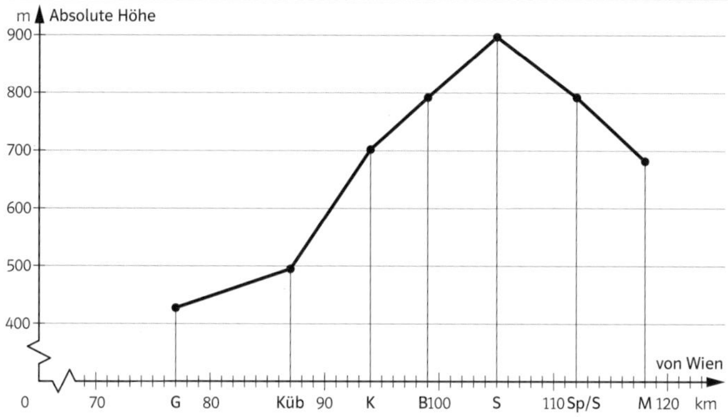


Die größte Steigung ist zwischen Küb und Klamm. Die kleinste Steigung ist zwischen Gloggnitz und Küb.

**387** **a)** 480 € **b)** 500 €

**388** **a)** **1)** $\frac{14}{87}$ **2)** ≈ 16 % (16,0…)
**b)** **1)** $\frac{24}{725}$ **2)** ≈ 3 % (3,3…)
**c)** **1)** $\frac{6}{29}$ **2)** ≈ 21 % (20,6…)

**389** 1) Rund 15 % Österreicherinnen und Österreicher sind jünger als 15 Jahre.
2) Rund 1,305 Mio. Österreicherinnen und Österreicher sind jünger als 15 Jahre.
3)

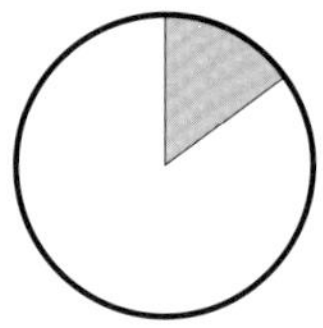

K **390** 1) um rund 20,7% (20,68...)
2) rund 3,57 Millionen Personen
3) ja, rund 22,2 % (22,22...)
4) rund 25,5 % (25,45...)

**391** zB: Beide haben Recht. Der Wiederspruch ist durch die verschiedenen Grundwerte erklärbar.

**392** zB: Der Vergleich ist nicht sinnvoll, weil die Meinungen von Familienmitgliedern einander oft beeinflussen.

**393** zB: Der Vergleich ist nur zum Teil aussagekräftig, weil die stark unterschiedlichen Grundpreise nicht zum Ausdruck kommen.

**394** zB: Der Vergleich von Prozentsätzen, die keinen sachlichen Zusammenhang haben, ist nicht sinnvoll.

**395**

| | | G | W | p% |
|---|---|---|---|---|
| 1) | Carlotta bekommt 15 % Rabatt auf ihren Einkauf von 72 Euro. | 72 € | 10,80 € | 15 % |
| 2) | Ein Pullover kostet statt 49 Euro nur mehr 39,20 Euro. | 49 € | 9,80 € | 20 % |
| 3) | Durch die 20 % Mehrwertsteuer wird die DVD um 2,80 Euro teurer. | 14 € | 2,80 € | 20 % |
| 4) | Von 24 Kindern einer Klasse sind 6 Mädchen. | 24 | 6 | 25 % |
| 5) | Ein Fünftel der 25 Kinder der 2D-Klasse fahren mit dem Rad zur Schule. | 25 | 5 | 20 % |
| 6) | Von den 15 Ferientagen war es an 5 Tagen sonnig. | 15 | 5 | $33,\overline{3}$ % |

**396**

| Teilstrecke | Entfernung | Differenz der Seehöhen des Wasserspiegels | Gefälle |
|---|---|---|---|
| Regensburg-Passau | 153 km | 39 m | 0,25 ‰ (0,254...) |
| Passau-Linz | 91 km | 38 m | 0,42 ‰ (0,417...) |
| Linz-Wien | 206 km | 94 m | 0,46 ‰ (0,456...) |
| Wien-Budapest | 283 km | 63 m | 0,22 ‰ (0,222...) |
| Budapest-Mündung | 1688 km | 94 m | 0,06 ‰ (0,055...) |

**397** 4 von 3200 ≈ 1,25 ‰, 110 von 1110 ≈ 99 ‰, 80 von 40 000 ≈ 2 ‰, 12 von 2424 ≈ 5 ‰

**398** 15 % der Jugendlichen haben ein Fahrrad und ein Skateboard.

**399** a) 1)

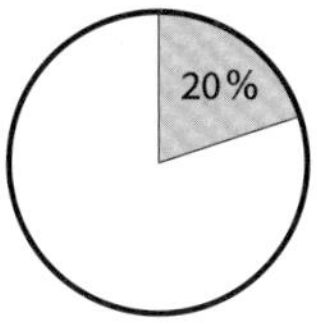


2)

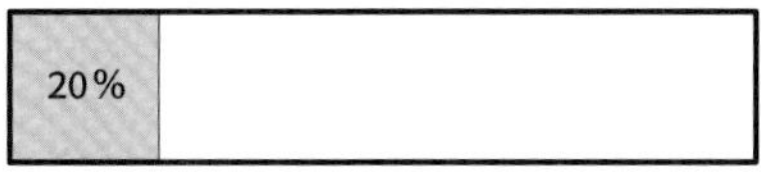


3)

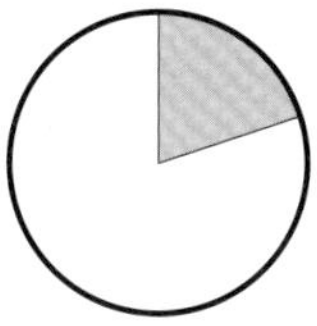

b) bis f) Vergleiche mit der Lösung von a)!

**400** **A-1**, **B-2**, **C-1**, **D-2**
zB: Statt „der Preis wurde um 10 % reduziert", kann man auch „der Preis wurde auf 90 % gesenkt" sagen.

**401** a) zB:

b) Karla könnte noch 8 h 42 min telefonieren. Das Handy würde im Standby-Modus noch 74 h und 6 min funktionieren.
c) Karla könnte bei vollem Akku 5 Stunden spielen.
d) Das Handy war 4 d 2 h 48 min bei ihrer Oma.

**402** zB: a) Der Preis eines Smartphones erhöht sich um 15 %.
Ursprünglich kostete das Smartphone 498 €.
Das Smartphone kostet jetzt 572,70 €
b) Im Schlussverkauf werden Fußballschuhe um 72 € verkauft.
Wie hoch ist der Rabatt, wenn der ursprüngliche Preis 90 € war?
Der Rabatt beträgt 20 %.
c) Herr Baumann möchte seine Garage von 25 $m^2$ auf 40 $m^2$ vergrößern.
Berechne die Vergrößerung in Prozent.
Die Garage wird um 60 % vergrößert.

**403** bis **409** siehe Buch Seite 280, 281!

# D Gleichungen und Formeln

**410** a) 1)

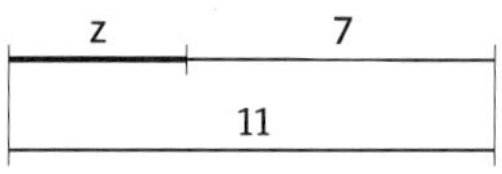


2) $z = 4$ 3) Probe: 11

b) 1)

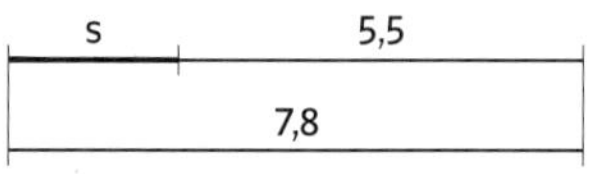


2) $s = 2{,}3$ 3) Probe: 7,8

c) 1)

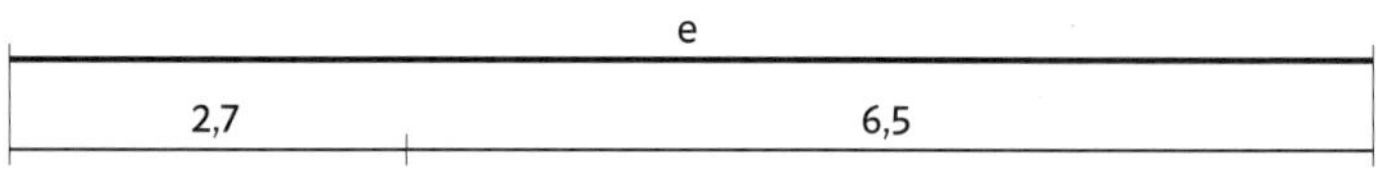


2) $e = 9{,}2$ 3) Probe: 6,5

d) 1)

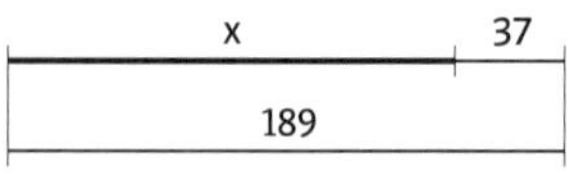


2) $x = 152$ 3) Probe: 189

e) 1)

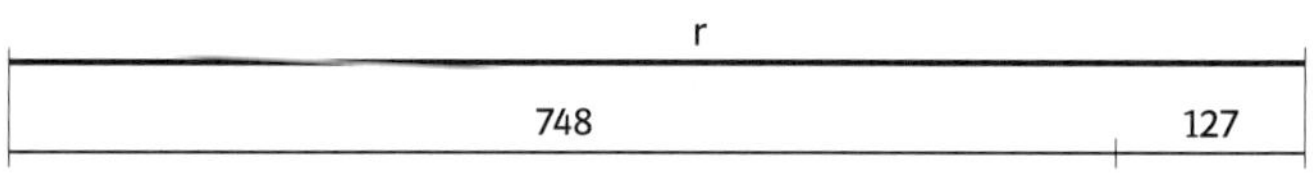


2) $r = 875$ 3) Probe: 748

f) 1)

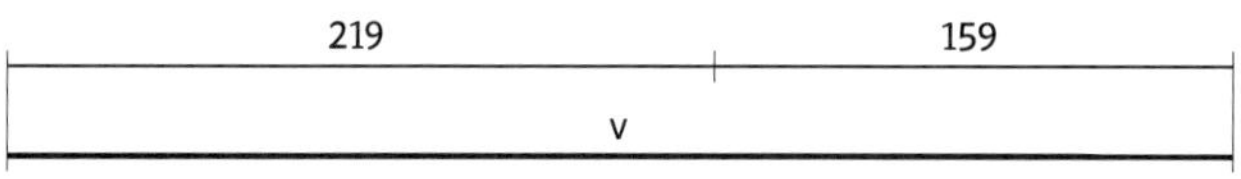


2) $v = 378$ 3) Probe: 219

**411** a) 1)

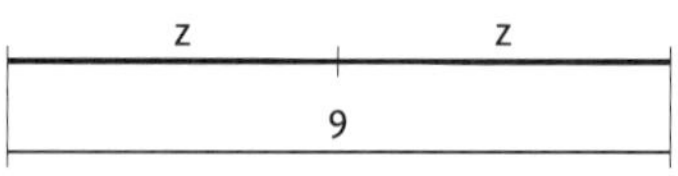


2) $z = 4{,}5$ 3) Probe: 9

b) 1)

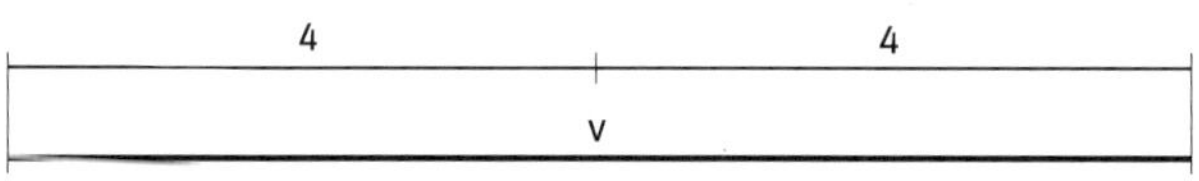


2) $v = 8$ 3) Probe: 4

c) 1)

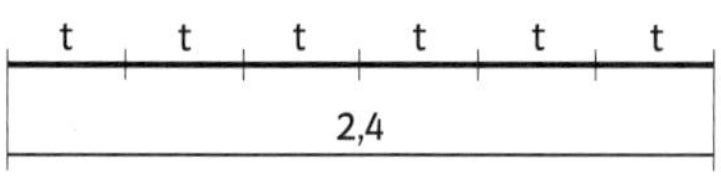


2) $t = 0{,}4$ 3) Probe: 2,4

d) 1)

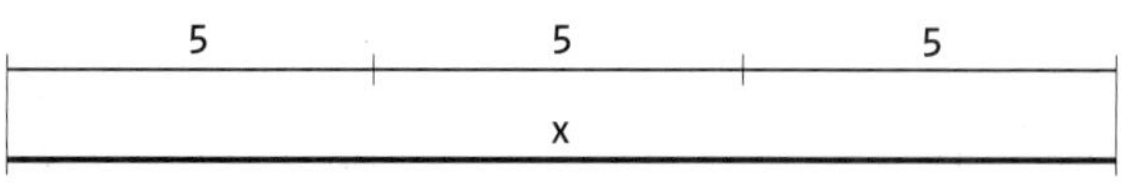


2) $x = 15$ 3) Probe: 5

**411** e) 1)

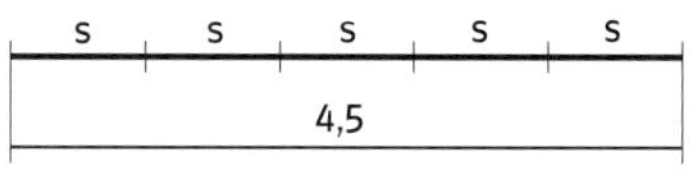


2) s = 0,9 3) Probe: 4,5

f) 1)

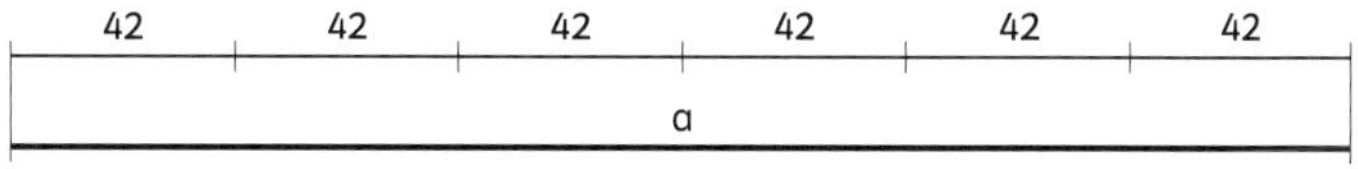


2) a = 252 3) Probe: 42

**412** a) 1) x = 13; Probe: 30
2) Wenn man zu einer unbekannten Zahl 17 addiert, erhält man 30.
b) 1) y = 86; Probe: 52
2) Wenn man von einer unbekannten Zahl 34 subtrahiert, erhält man 52.
c) 1) s = 124; Probe: 18
2) Wenn man von einer unbekannten Zahl 106 subtrahiert, erhält man 18.
d) 1) t = 65; Probe: 87
2) Wenn man zu einer unbekannten Zahl 22 addiert, erhält man 87.
e) 1) m = 108; Probe: 73
2) Wenn man von einer unbekannten Zahl 35 subtrahiert, erhält man 73.
f) 1) b = 78; Probe: 95
2) Wenn man zu einer unbekannten Zahl 17 addiert erhält man 95.
g) 1) a = 52; Probe: 43
2) Wenn man von einer unbekannten Zahl 9 subtrahiert, erhält man 43.
h) 1) r = 23; Probe: 56
2) Wenn man zu einer unbekannten Zahl 33 addiert, erhält man 56.

**413** a) 1) a = 9; Probe: 72
2) Wenn man eine unbekannte Zahl mit 8 multipliziert, erhält man 72.
b) 1) b = 24; Probe: 4
2) Wenn man eine unbekannte Zahl durch 6 dividiert, erhält man 4.
c) 1) y = 14; Probe: 140
2) Wenn man eine unbekannte Zahl mit 10 multipliziert, erhält man 140.
d) 1) z = 21; Probe: 7
2) Wenn man eine unbekannte Zahl durch 3 dividiert, erhält man 7.
e) 1) x = 16; Probe: 8
2) Wenn man eine unbekannte Zahl durch 2 dividiert, erhält man 8.
f) 1) c = 33; Probe: 99
2) Wenn man eine unbekannte Zahl mit 3 multipliziert, erhält man 99.
g) 1) t = 28; Probe: 4
2) Wenn man eine unbekannte Zahl durch 7 dividiert, erhält man 4.
h) 1) d = 12; Probe: 60
2) Wenn man eine unbekannte Zahl mit 5 multipliziert, erhält man 60.

**414** **1-D, 2-D, 3-E, 4-F**

**415**
**a)** $u = 0$; Probe: 2,3
**b)** $v = 4{,}6$; Probe: 2,3
**c)** $w = 5\frac{1}{2}$; Probe: $10\frac{1}{2}$
**d)** $x = 2{,}6$; Probe: 6,1
**e)** $y = 3{,}5$; Probe: 0
**f)** $z = \frac{13}{2} = 6\frac{1}{2}$; Probe: $\frac{3}{2} = 1\frac{1}{2}$
**g)** $a = 10{,}2$; Probe: 6
**h)** $b = 5{,}3$; Probe: 7,8

**416**
**a)** $x = 12$; Probe: 4
**b)** $z = 10$; Probe: 2,5
**c)** $y = 4$; Probe: 8
**d)** $s = 12$; Probe: 3
**e)** $x = \frac{1}{2}$; Probe: $\frac{3}{2} = 1\frac{1}{2}$
**f)** $y = 3$; Probe: 0,75
**g)** $a = 1$; Probe: $\frac{1}{2}$
**h)** $r = \frac{3}{2} = 1\frac{1}{2}$; Probe: 3

**417**
**a)** $x = 3$; Probe: 6
**b)** $y = 2$; Probe: 6
**c)** $z = 4$; Probe: 8
**d)** $u = 1$; Probe: 5
**e)** $v = 1{,}9$; Probe: 7,6
**f)** $w = 1{,}9$; Probe: 5,7
**g)** $x = 2$; Probe: 8
**h)** $a = 1$; Probe: 9

**418** zB:
**a)** $x + 6 = 10$; $x + 267 = 271$
**b)** $x + 2 = 9$; $x + 103 = 110$
**c)** $x + 9{,}8 = 11{,}3$; $x + 25{,}1 = 26{,}6$
**d)** $x + 8 = 8\frac{2}{3}$; $x + \frac{5}{6} = 1\frac{1}{2}$
**e)** $x + 3\frac{1}{2} = 5\frac{5}{6}$; $x + \frac{2}{3} = 3$

**419** zB:
**a)** $y - 3 = 2$; $y - 0{,}8 = 4{,}2$
**b)** $y - 8 = 4$; $y - 2\frac{1}{3} = 9\frac{2}{3}$
**c)** $y - 0{,}3 = 2$; $y - 1{,}1 = 1{,}2$
**d)** $y - \frac{1}{5} = \frac{3}{5}$; $y - 0{,}2 = 0{,}6$
**e)** $y - 3 = \frac{3}{4}$; $y - 2{,}5 = 1\frac{1}{4}$

**420** zB:
**a)** **1)** $z \cdot 3 = 9$ **2)** $z : \frac{1}{4} = 12$
**b)** **1)** $z \cdot 2 = 22$ **2)** $z : 2 = 5{,}5$
**c)** **1)** $z \cdot 4 = 13{,}6$ **2)** $z : 1{,}7 = 2$
**d)** **1)** $z \cdot 4 = 3$ **2)** $z : 3 = \frac{1}{4}$
**e)** **1)** $z \cdot 4 = 5$ **2)** $z : 2 = \frac{5}{8}$

**421** zB:
**a)** **1)** $13 - v = 7$ **2)** $18 : v = 3$
**b)** **1)** $10 - v = 1$ **2)** $18 : v = 2$
**c)** **1)** $5 - v = 0{,}4$ **2)** $9{,}2 : v = 2$
**d)** **1)** $1 - v = \frac{5}{8}$ **2)** $\frac{3}{8} : v = 1$

**422** a) 1) $r+s+t=5$
2) $r=5-s-t$; $s=5-r-t$; $t=5-r-s$
b) 1) $a+b+c=20$
2) $a=20-b-c$; $b=20-a-c$; $c=20-a-b$
c) 1) $n+m+1=p$
2) $m=p-n-1$; $n=p-m-1$; $p=n+m+1$
d) 1) $a+b=8+c$
2) $a=8+c-b$; $b=8+c-a$; $c=a+b-8$

**423** a) 1) $2\cdot y=z$ 2) $y=\frac{z}{2}$; $z=2\cdot y$
b) 1) $3\cdot u=2\cdot v$ 2) $u=\frac{2}{3}\cdot v$; $v=\frac{3}{2}\cdot u$
c) 1) $5\cdot x=w$ 2) $x=\frac{w}{5}$; $w=5\cdot x$

**424** **A, D**

**425** **A, B, D**

**426** **A-6, B-5, C-2, D-3**

**427** a) 1) $r=t-s$; $s=t-r$
2) zB: $r=2$, $s=3$, $t=5$
b) 1) $r=s+t$; $s=r-t$
2) zB: $r=4$, $s=1$, $t=3$
c) 1) $r=\frac{t}{s}$; $s=\frac{t}{r}$
2) zB: $r=2$, $s=3$, $t=6$
d) 1) $r=t+u-s$; $s=t+u-r$; $t=r+s-u$; $u=r+s-t$
2) zB: $r=6$, $s=4$, $t=2$, $u=8$
e) 1) $r=s\cdot t$; $s=\frac{r}{t}$
2) zB: $r=8$, $s=2$, $t=4$

**428** zB: $G+21{,}70=58{,}50$
Die monatliche Grundgebühr beträgt 36,80 €.

**429** zB: $L+0{,}6=3{,}9$. Der LKW wiegt 3,3 t.

**430**

| | Nettomasse / Tara | 1) 8,2 kg | 2) $10\frac{1}{2}$ kg | 3) n kg |
|---|---|---|---|---|
| a) | 5 kg | 13,2 kg | $15\frac{1}{2}$ kg | (5 + n) kg |
| b) | 1,8 kg | 10 kg | 12,3 kg | (1,8 + n) kg |
| c) | t kg | (t + 8,2) kg | $\left(t+10\frac{1}{2}\right)$ kg | (t + n) kg |

**431** 1) Der kilometerabhängige Fahrpreis beträgt 9 €.
2) Ein gefahrener Kilometer kostet 1,50 €.

**432** zB: a) 1) Die Gesamtmasse (G) eines LKW setzt sich aus der Eigenmasse (E) und der Nutzlast (N) zusammen.
2) $G = E + N$
3) $E = 2{,}3\,t$; $N = 3{,}5\,t \Rightarrow G = 5{,}8\,t$
4) $G = E + N$; $E = G - N$; $N = G - E$
b) 1) Der Gesamtpreis (G) setzt sich aus den Übernachtungskosten (Ü) und den Kosten für die Verpflegung (V) zusammen.
2) $G = Ü + V$
3) $Ü = 98\,€$; $V = 8\,€ \Rightarrow G = 106\,€$
4) $G = Ü + V$; $Ü = G - V$; $V = G - Ü$
c) 1) Zieht man vom Bruttoeinkommen (B) die Abzüge (A) ab, so erhält man das Nettoeinkommen (N).
2) $B - A = N$
3) $B = 2219\,€$; $A = 662\,€ \Rightarrow N = 1557\,€$
4) $B = A + N$; $A = B - N$; $N = B - A$

**433** zB: a) 1) Die Wohnungen A und B haben gleich viele Zimmer. 2) $x = 5 \Rightarrow y = 5$
b) 1) Die Wohnung A hat um ein Zimmer mehr als die Wohnung B. 2) $x = 5 \Rightarrow y = 4$
c) 1) Die Wohnung B hat um ein Zimmer mehr als die Wohnung A. 2) $x = 3 \Rightarrow y = 4$
d) 1) Die Wohnung A hat um 2 Zimmer weniger als die Wohnung B. 2) $x = 3 \Rightarrow y = 5$

**434** a) $b = m$; $m = b$
b) 1) zB: $m = b - 1$
2) $m = 12$; $b = 13 \Rightarrow 12 = 13 - 1$; wahr

**435** 1) Der Preis pro gefahrenem Kilometer beträgt 2,25 Pfund.
2) Alle Angaben zu den öffentlichen Verkehrsmitteln wurden nicht verwendet.

**436** 1) $z = t - 1$
2) a) $t = z + 1 \Rightarrow t = 13 + 1$
In Österreich ist es 14:00 Uhr.
b) $z = 9 - 1$
In Großbritannien ist es 8:00 Uhr.

**437** a) $m - 1 = n$; $m = n + 1$
b) 1) Wien: 170 m 2) Dachstein: 2995 m 3) Großglockner: 3797 m

**438** **1) a)** 80 km **b)** 240 km **c)** 40 km **d)** 180 km
**2) a)** 1 h **b)** 1 h 15 min **c)** 15 min **d)** 2 h 57 min 45 s

**439** Annas Rechnung ist falsch, da sie Kilometer durch Meter dividiert.
Anna benötigt 25 min.

**440**

| | Fahrdauer \ Geschwindigkeit | 1) 50 km/h | 2) 80 km/h | 3) 100 km/h | 4) v km/h |
|---|---|---|---|---|---|
| a) | 5 h | 250 km | 400 km | 500 km | $(v \cdot 5)$ km |
| b) | 10 h | 500 km | 800 km | 1 000 km | $(v \cdot 10)$ km |
| c) | t h | $(50 \cdot t)$ km | $(80 \cdot t)$ km | $(100 \cdot t)$ km | $(v \cdot t)$ km |

**441** **a)** $A = a \cdot b \Leftrightarrow a = \frac{A}{b} \Leftrightarrow b = \frac{A}{a}$
**b)** $V = G \cdot h \Leftrightarrow G = \frac{V}{h} \Leftrightarrow h = \frac{V}{G}$
**c)** $m = \varrho \cdot V \Leftrightarrow \varrho = \frac{m}{V} \Leftrightarrow V = \frac{m}{\varrho}$
**d)** $a = \frac{F}{m} \Leftrightarrow F = a \cdot m \Leftrightarrow m = \frac{F}{a}$
**e)** $p = \frac{F}{A} \Leftrightarrow F = p \cdot A \Leftrightarrow A = \frac{F}{p}$
**f)** $F = k \cdot x \Leftrightarrow k = \frac{F}{x} \Leftrightarrow x = \frac{F}{k}$

**442** zB: **a) 1)** In der Klasse sind 3-mal so viele Mädchen wie Buben.
**2)** $m = 21 \Rightarrow b = 7$
**b) 1)** In der Klasse sind doppelt so viele Buben wie Mädchen.
**2)** $b = 14 \Rightarrow m = 7$
**c) 1)** In der Klasse sind halb so viele Mädchen wie Buben.
**2)** $b = 20 \Rightarrow m = 10$

**443** zB: **a) 1)** Man erhält den Gesamtpreis (G) einer Ware, indem man den Kilogrammpreis (K) mit der Warenmenge (M) multipliziert.
**2)** $G = K \cdot M$
**3)** $G = K \cdot M$; $K = \frac{G}{M}$; $M = \frac{G}{K}$
**b) 1)** Man errechnet die Benzinkosten (K), indem man die Benzinmenge (M) mit dem Literpreis (P) multipliziert.
**2)** $K = M \cdot P$
**3)** $K = M \cdot P$; $M = \frac{K}{P}$; $P = \frac{K}{M}$

**444** **1)** 50 Lehrkräfte
**2)** $10 \cdot L = S$
**3)** $10 \cdot 36 = 360$, richtig

**445** **1)** $w = r + 15$; $w - 15 = r$
**2)** zB: $w = 25t \Rightarrow r = 10t$
**3)** zB: $r = 7{,}5t \Rightarrow w = 22{,}5t$

**446** zB: x…Entfernung Lambach–Straßwalchen in km
$x \cdot 1\frac{1}{2} = 81 \Rightarrow x = 54$
Straßwalchen ist 54 km von Lambach entfernt.

**447** **a)** $a = 5\,\text{m}$, $b = 3\,\text{m}$; $A = 15\,\text{m}^2$
**b)** $G = 13\,\text{cm}^2$, $h = 5\,\text{cm}$; $V = 65\,\text{cm}^3$
**c)** $\varrho = 2{,}5\,\text{g/cm}^3$, $V = 200\,\text{cm}^3$; $m = 500\,\text{g}$

**448** Weil $K = Ré \cdot 1{,}25 + 273{,}15$ und $K = C - 273{,}15$ folgt $C - 273{,}15 = Ré \cdot 1{,}25 + 273{,}15$
$\Rightarrow$ also $C = Ré \cdot 1{,}25 + 546{,}3$

**449** **a) 1)**
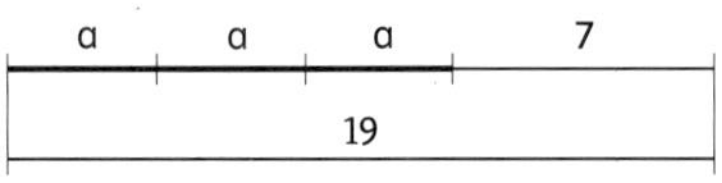


**2)** $y = 4$ **3)** Probe: 19

**b) 1)**
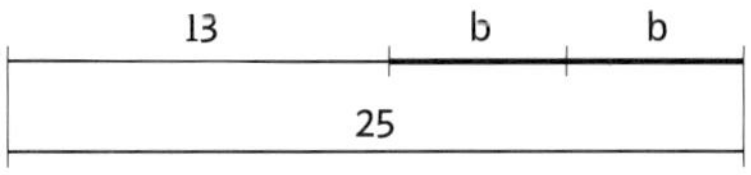


**2)** $b = 6$ **3)** Probe: 25

**c) 1)**
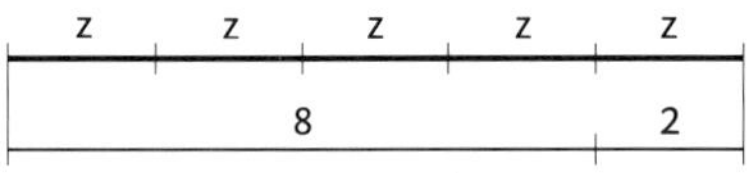


**2)** $z = 2$ **3)** Probe: 8

**d) 1)**
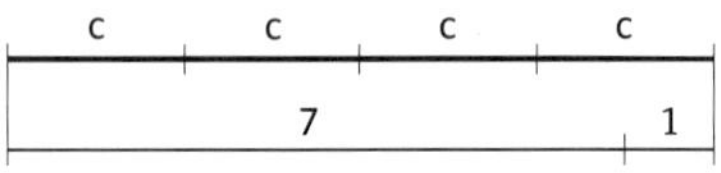


**2)** $c = 2$ **3)** Probe: 7

**450** a) 1) $b = 8$ 2) Probe: $4 \cdot 8 + 15 = 47$
3) Wenn man eine unbekannte Zahl mit 4 multipliziert und dann 15 addiert, ergibt sich 47.
b) 1) $s = 20$ 2) Probe: $20 : 5 - 1 = 3$
3) Wenn man eine unbekannte Zahl durch 5 dividiert und dann 1 subtrahiert, ergibt sich 3.
c) 1) $d = 12$ 2) Probe: $3 \cdot 12 - 8 = 28$
3) Wenn man eine unbekannte Zahl mit 3 multipliziert und dann 8 subtrahiert, ergibt sich 28.
d) 1) $x = 3$ 2) Probe: $7 \cdot 3 + 5 = 26$
3) Wenn man eine unbekannte Zahl mit 7 multipliziert und dann 5 addiert, ergibt sich 26.
e) 1) $a = 84$ 2) Probe: $84 : 2 - 9 = 33$
3) Wenn man eine unbekannte Zahl durch 2 dividiert und dann 9 subtrahiert, ergibt sich 33.
f) 1) $m = 12$ 2) Probe: $\frac{12}{2} + 10 = 16$
3) Wenn man eine unbekannte Zahl durch 2 dividiert und dann 10 addiert, ergibt sich 16.
g) 1) $n = 18$ 2) Probe: $18 : 3 - 2 = 4$
3) Wenn man eine unbekannte Zahl durch 3 dividiert und dann 2 subtrahiert, ergibt sich 4.
h) 1) $r = 4$ 2) Probe: $5 \cdot 4 + 21 = 41$
3) Wenn man eine unbekannte Zahl mit 5 multipliziert und dann 21 addiert, ergibt sich 41.

**451** a) $s = 2$; Probe: 8
b) $t = 3$; Probe: 14
c) $v = 4{,}5$; Probe: 9
d) $w = 4{,}1$; Probe: 4,8
e) $a = 4$; Probe: 5
f) $c = 3$; Probe: 10
g) $r = 6$; Probe: 15
h) $z = 3$; Probe: 3

**452** a) $x = 0$; Probe: $\frac{3}{4}$
b) $y = 3$; Probe: 7
c) $q = 8$; Probe: 2,7
d) $p = 2$; Probe: $\frac{5}{6}$
e) $m = 4{,}8$; Probe: 0,9
f) $n = 0{,}5$; Probe: 1,1
g) $z = 0{,}4$; Probe: 2,3
h) $s = 7{,}5$; Probe: 1

**453** a) $y = 1$; Probe: 8
b) $x = 7$; Probe: 8
c) $z = 8$; Probe: 1
d) $a = 26$; Probe: 7
e) $u = 3$; Probe: 2,5
f) $v = 1$; Probe: 20
g) $x = 1$; Probe: 2,5
h) $w = 6$; Probe: 9

**454** a) 1) $4 \cdot s + t = 8$ 2) $s = \frac{8 - t}{4}$; $t = 8 - 4 \cdot s$
b) 1) $3 \cdot a + 2 \cdot b = 7$ 2) $a = \frac{7 - 2 \cdot b}{3}$; $b = \frac{7 - 3 \cdot a}{2}$
c) 1) $3 + 2 \cdot p = q$ 2) $p = \frac{q - 3}{2}$; $q = 3 + 2 \cdot p$
d) 1) $3 \cdot x + 2 \cdot y = 15$ 2) $x = \frac{15 - 2 \cdot y}{3}$; $y = \frac{15 - 3 \cdot x}{2}$

**455** A, E

**456** $2 \cdot m + 6 = 28 \Rightarrow m = 11$
Es gibt 17 Buben und 11 Mädchen in der 2D.

**457** 1)

| Grundkosten G \ Wegstrecke s | 200 km | 150 km | y km |
|---|---|---|---|
| a) 230 € | 520 € | 447,50 € | (1,45 · y + 230) € |
| b) x € | (290 + x) € | (217,50 + x) € | (1,45 · y + x) € |

2)

| Kilometerpreis p \ Wegstrecke s | 200 km | 150 km | w km |
|---|---|---|---|
| a) 1,45 € | 505 € | 432,50 € | (215 + 1,45 · w) € |
| b) x € | (215 + x · 200) € | (215 + x · 150) € | (215 + x · w) € |

**458** 1) zB: Gesamtkosten: g; Fixkosten: f; Preis je kWh: p; Anzahl der verbrauchten kWh: n
$g = f + p \cdot n$
2) Die Stromrechnung macht 856,38 € aus.
3) Es wurden 2 500 kWh verbraucht.

**459** 1) $b = \frac{u}{2} - a$ 2) **B:** $b = 36\,m$

**460** a) 1) $a = 3$ 2) Probe: 11
b) 1) $m = 10$ 2) Probe: 44
c) 1) $s = \frac{2}{10} = \frac{1}{5}$ 2) Probe: $\frac{3}{10}$
d) 1) $t = 6$ 2) Probe: $\frac{9}{10}$

**461** 1) zB: $x = 2 \Rightarrow 27 \cdot 4 = 108 \Rightarrow 8 : 4 = 2$
$x = 17 \Rightarrow 42 \cdot 4 = 168 \Rightarrow 68 : 4 = 17$
$x = 20 \Rightarrow 45 \cdot 4 = 180 \Rightarrow 80 : 4 = 20$
Man erhält immer die Ausgangszahl.
2) $((x + 25) \cdot 4 - 100) : 4 = x$

**462** a) $3x$ b) $y + 37$ c) $2z - 5{,}9$ d) $4a - 53$ e) $\frac{b}{2} + 6{,}8$

**463** a) $5a - 10 = 50$; $a = 12$ b) $\frac{b}{3} + 17 = 32$; $b = 45$

**464** Der andere Summand ist
a) 2 b) 2,7 c) $3\frac{1}{6}$ d) 3,74 e) $\frac{3}{5}$ f) 4 g) 0

**465** Die andere Zahl ist
a) $2\frac{3}{5}$ b) 3,8 c) $\frac{43}{30}$ d) 4,86 e) $3\frac{7}{20}$ f) $1\frac{1}{5}$ g) $6\frac{4}{15}$

**466** Der zweite Faktor ist
a) 3 b) $2\frac{1}{2}$ c) $26\frac{2}{3}$ d) 40 e) 100 f) 240 g) 18

**467** Die Zahl lautet **a)** 8, **b)** 2,8, **c)** 10.

**468** Die Zahl ist **a)** 6, **b)** 3, **c)** 3,6.

**469** Die Zahl ist **a)** 32, **b)** 64, **c)** 128.

**470** zB: x…Alter von Iris bzw. Alexander
$x + x + x + 4 = 37$ Iris ist 11 Jahre alt.

**471** zB: x…Alter von Frau Weigert
$\frac{x}{2} + x + 2x = 133$ Frau Weigert ist 38 Jahre alt.

**472** zB: x…Alter von Konrad bzw. Corinna
$x + x + (x + 30) + (x + 30) = 100$ Konrad ist 10 Jahre alt, sein Vater 40 Jahre.

**473** zB: x…Preis eines Käsestangerls.
$3x + 1{,}40 = 3{,}50$ Der Preis eines Käsestangerls beträgt 0,70 €.

**474** zB: x…früheres Taschengeld
$x + \frac{1}{10}x = 22$ Sie erhielt früher 20 €.

**475** zB: x…ursprünglicher Preis
$\frac{7}{10}x = 1{,}40$ Die frische Milch kostete 2 €.

**476** zB: x…ursprünglicher Preis
$x - \frac{1}{4}x = 24$ Der ursprüngliche Preis betrug 32 €.

**477** zB: x…Masse des leichtesten Paketes
$x + x + 0{,}5 + x + 1 + x + 1{,}5 + x + 2 + x + 2{,}5 + x + 3 = 35$
Die Massen sind: 3,5 kg, 4 kg, 4,5 kg, 5 kg, 5,5 kg, 6 kg, 6,5 kg.

**478** zB: x…Anzahl der grünen Pullover
$x + \frac{x}{2} = 21$ Es gibt 14 grüne und 7 blaue Pullover.

**479** **a)** $5x + 18{,}5 = 31$; $x = 2{,}5$
**b)** $\frac{y}{3} - 16 = \frac{36}{4}$; $y = 75$
**c)** $3z - 28 = 23$; $z = 17$
**d)** $\frac{v}{2} + 26{,}4 = 2 \cdot 22{,}1$; $v = 35{,}6$

**480** **a)** 40-Stück-Paket: 10 Stück kosten 22,5 c.
50-Stück-Paket: 10 Stück kosten 22 c.
Das 50-Stück-Paket ist günstiger.
**b)** 250 g Toastbrot: Der Preis für 1 kg beträgt 5,20 €.
200 g Toastbrot: Der Preis für 1 kg beträgt 5,50 €.
Das 250-g-Toastbrot ist günstiger.
**c)** 100-Gramm-Packung: 400 g kosten 4,80 €.
Die Familienpackung ist günstiger.

**481** zB: **1)** $v \approx \frac{300}{3{,}75}\,\text{km/h} = 80\,\frac{\text{km}}{\text{h}}$
Die mittlere Geschwindigkeit beträgt rund 80 km/h.
**2)** $v \approx \frac{300}{2{,}5}\,\text{km/h} = 120\,\frac{\text{km}}{\text{h}}$
Die mittlere Geschwindigkeit beträgt rund 120 km/h.

**482** zB: **1)** x…Masse der Münze B

$\frac{x}{2} + x + (x - 20) = 33 \Rightarrow x = 21{,}2$

Münze A: 10,6 g; Münze B: 21,2 g; Münze C: 1,2 g

**2)** Gesamtmasse: 35 g

**483** **a)** $s \cdot 4 + h \cdot 2 = 10$

mögliche Lösungen: s = 0, h = 5 oder s = 1, h = 3 oder s = 2, h = 1

**b)** $s \cdot 4 + h \cdot 2 = 14$

mögliche Lösungen: s = 0, h = 7 oder s = 1, h = 5 oder s = 2, h = 3 oder s = 3, h = 1

**c)** $s \cdot 4 + h \cdot 2 = 20$

mögliche Lösungen: s = 0, h = 10 oder s = 1, h = 8 oder s = 2, h = 6 oder s = 3, h = 4 oder s = 4, h = 2 oder s = 5, h = 0

**d)** $s \cdot 4 + h \cdot 2 = 23$

Es gibt keine Lösung, da die Anzahl der Füße nicht ungerade sein kann.

**484** zB: x…Anzahl der Hühner

$2x + 4x = 228$

Es leben 38 Hühner und 38 Kaninchen auf dem Hof

**485** zB: E…Anzahl der Erwachsenen, K…Anzahl der Kinder

**a)** $E \cdot 7 + K \cdot 3 = 65$

mögliche Lösungen: E = 2, K = 17 oder E = 5, K = 10 oder E = 8, K = 3

**b)** $E \cdot 7 + K \cdot 3 = 85$

mögliche Lösungen: E = 1, K = 26 oder E = 4, K = 19 oder E = 7, K = 12 oder E = 10, K = 5

**c)** $E \cdot 7 + K \cdot 3 = 100$

mögliche Lösungen: E = 1, K = 31 oder E = 4, K = 24 oder E = 7, K = 17 oder E = 10, K = 10 oder E = 13, K = 3

**486** zB: T…Anzahl der T-Shirts, H…Anzahl der Hosen, P…Anzahl der Pullover

**1) a)** $H \cdot 35 + P \cdot 25 + T \cdot 10 = 80$

mögliche Lösungen: H = 0, P = 2, T = 3 oder H = 1, P = 1, T = 2 oder H = 0, P = 0, T = 8 oder H = 2, P = 0, T = 1

**b)** $H \cdot 35 + P \cdot 25 + T \cdot 10 = 90$

mögliche Lösungen: H = 0, P = 0, T = 9 oder H = 0, P = 2, T = 4 oder H = 1, P = 1, T = 3 oder H = 2, P = 0, T = 2

**c)** $H \cdot 35 + P \cdot 25 + T \cdot 10 = 130$

mögliche Lösungen: H = 0, P = 0, T = 13 oder H = 0, P = 2, T = 8 oder H = 0, P = 4, T = 3 oder H = 1, P = 1, T = 7 oder H = 1, P = 3, T = 2 oder H = 2, P = 0, T = 6 oder H = 2, P = 2, T = 1 oder H = 3, P = 1, T = 0

**2)** 83 €, 89 €, 96 €

**487** **1)** $4 \cdot 10 + 28 = 84$

**2)** zB: Da die linke Seite kleiner als die rechte Seite ist, soll Meltem eine größere Zahl für c wählen.

**3)** c = 14

**488** a) $x = \frac{5}{4}$; Probe: $\frac{3}{4}$
b) $y = \frac{1}{2}$; Probe: $\frac{4}{3}$
c) $v = 1\frac{3}{4}$; Probe: $2\frac{1}{2}$
d) $n = 5{,}95$; Probe: 3,25
e) $u = 10{,}2$; Probe: 5,1
f) $x = \frac{3}{8}$; Probe: $\frac{3}{4}$
g) $z = 14$; Probe: 7
h) $u = 6$; Probe: $\frac{3}{2}$

**489** a) $s = 8$; Probe: 17
b) $x = 6$; Probe: 5
c) $a = 199$; Probe: 105
d) $b = \frac{3}{4}$; Probe: 4
e) $t = 7{,}9$; Probe 4,4
f) $y = 8$; Probe: 0,625
g) $c = 2{,}5$; Probe: 12,5
h) $m = 2$; Probe: 9

**490** a) 1) $x = 4$
2) 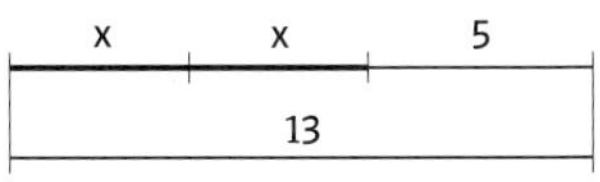


b) 1) $x = \frac{8}{3}$
2) 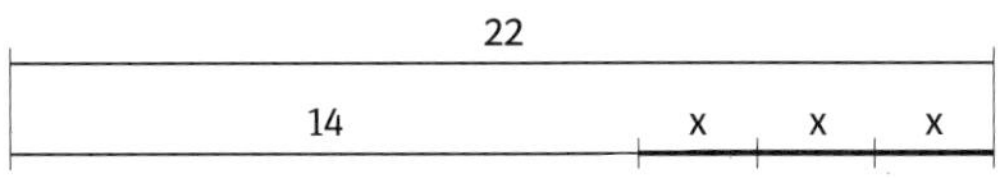


**491** zB: 1) $A = B + 12$
2) Die Masse von 250 g wurde nicht verwendet.

**492** 1) $G = E \cdot 12 + K \cdot 2{,}50$
2) Die Einnahmen betrugen 68 400 €.

**493** Es wurden a) 31 Liter, b) 24 Liter, c) 46 Liter getankt.

**494** zB: x…Anzahl der Mädchen bzw. der Pferde
$x \cdot 4 + x \cdot 2 = 72 \Rightarrow x = 12$
Es nahmen 12 Mädchen am Turnier teil.

**495** zB: x…Länge der ersten Seite
$x + (x + 1) + (x + 1 + 1) + (x + 1 + 1 + 1) = 36 \Rightarrow x = 7{,}5$
Die Seiten sind 7,5 cm, 8,5 cm, 9,5 cm und 10,5 cm lang.

**496** bis **500** siehe Buch Seite 281!

# E Direkte und indirekte Proportionalität

**501** **a)** Die Strecke ist direkt proportional zum Verbrauch, weil der 3-fachen Strecke der 3-fache Verbrauch entspricht.
**b)** Die Menge ist nicht direkt proportional zum Preis, weil dem Fünftel der Menge nicht dem Fünftel des Preises entspricht.
**c)** Die Menge und der Preis sind direkt proportional, weil 1 kg immer 20 € kostet.
**d)** Die Stückzahl ist direkt proportional zum Preis, weil die doppelte Stückzahl dem doppelten Preis entspricht.
**e)** Die Stückzahl ist nicht direkt proportional zum Preis, weil dem Achtel der Stückzahl nicht dem Achtel des Preises entspricht.

**502** **A:** 2,40 €; **D:** 9,20 €

**503** **1)** Preistabelle für Erdäpfel

| **Menge** | 1 kg | 5 kg | 15 kg | 16 kg | 40 kg | x kg |
|---|---|---|---|---|---|---|
| **Preis** | 0,64 € | 3,20 € | 9,60 € | 10,24 € | 25,60 € | $(0{,}64 \cdot x)$ € |

**2)** zB: Um den Preis p für x kg Erdäpfel zu erhalten, muss man den Preis je kg mit der Anzahl der kg multiplizieren.
Beispiel: $x = 8 \Rightarrow p = 5{,}12$; dh.: 8 kg Erdäpfel kosten 5,12 €.

**504** 1350 g Faschiertes, 9 Tomaten, 3 Zwiebeln, $1\frac{1}{2}$ Knollen Knoblauch, 75 ml Olivenöl, 3 TL Oregano, $1\frac{1}{2}$ Tuben Tomatenmark, 750 g Spaghetti, 150 g Parmesan, etwas Zucker

**505** **1)** Der Läufer legt 16 km zurück.
**2)** Der Traktor legt 24 km zurück.
**3)** Der Radfahrer legt 32 km zurück.

**506** **1)** **a)** 1,20 € **b)** 1,80 € **c)** 3,60 €
**2)** **a)** 1,50 € **b)** 2,10 € **c)** 3,30 €
**3)** zB: Der Preisstrahl beginnt im Ursprung, da 0 kg einer Ware 0 € kosten.

**507** **1)**

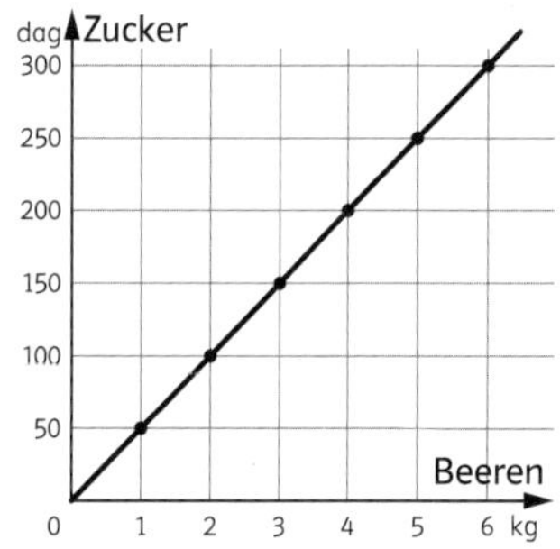


**2)** **a)** 1 kg Zucker **c)** 25 dag Zucker **e)** 75 dag Zucker
**b)** $1\frac{1}{2}$ kg Zucker **d)** $12\frac{1}{2}$ dag Zucker **f)** 2,75 kg Zucker

**3)** **a)** 1,20 kg Beeren **c)** 2 kg Beeren **e)** 3,6 kg Beeren
**b)** 1,50 kg Beeren **d)** 3 kg Beeren **f)** 4 kg Beeren

**508** **A** Punktdiagramm
**B** Liniendiagramm
**C** Liniendiagramm
**D** Punktdiagramm
**E** Liniendiagramm

K **509** **1)** Vergleiche mit der Lösung zu Aufgabe 507!
Wähle zB: 1 h ≙ 1 cm und 10 km ≙ 1 cm!
**2)** Die Radfahrerin legt **a)** 45 km, **b)** 75 km, **c)** 7,5 km, **d)** 52,5 km zurück.
**3)** Sie braucht ungefähr **a)** 4 h, **b)** 6 h 40 min, **c)** 40 min, **d)** 1 h 40 min.

**510** **1)** Vergleiche mit der Lösung zu Aufgabe 507!
Wähle zB: 1 h ≙ 1 cm und 100 km ≙ 2 cm!
**2)** Das Auto fährt **a)** 200 km, **b)** 300 km, **c)** 50 km weit.
**3)** Das Auto benötigt **a)** 4 h, **b)** 1 h 30 min, **c)** 15 min.

K **511** **a)** Voraussichtlicher Verbrauch:
**1)** 36 Liter Treibstoff **3)** 6 Liter Treibstoff
**2)** 48 Liter Treibstoff **4)** 2,4 Liter Treibstoff
**b)** Vergleiche mit der Lösung zu Aufgabe 507!

| | 1) | 2) | 3) | 4) | 5) | 6) |
|---|---|---|---|---|---|---|
| **Fahrstrecke** | 100 km | 200 km | 300 km | 400 km | 500 km | 600 km |
| **Treibstoffverbrauch** | 12 l | 24 l | 36 l | 48 l | 60 l | 72 l |

**c)** Ja, da für die Fahrstrecke und den Treibstoffverbrauch auch Dezimalzahlen zulässig sind.

**512** **a) 1)** 30 cm **2)** 18 cm **3)** 1,5 cm **4)** 6 cm **5)** 3 · x cm
**b) 1)** 1,7 Liter **2)** 3,3 Liter **3)** 1,3 Liter **4)** 9,3 Liter **5)** 5,3 Liter **6)** x : 3 Liter

**513** **1)** Graphik **C** beschreibt ein direkt proportionales Verhältnis, weil das x-fache der einen Größe dem x-fachen der anderen Größe entspricht.
zB: **2)** **A** Für den Schulball werden auch Partnerkarten verkauft, die genau so viel kosten wie Einzelkarten.
**B** Für eine Fahrt mit dem Fahrradtaxi wird 1 € als Grundgebühr und 1 € pro Kilometer verrechnet.

**514** **a)** Herr Siegel muss 7,20 € zahlen
**b)** Herr Siegel muss 1,50 € zahlen

K **515** **a)** Frau Lampert kann etwa **1)** 525 km, **2)** 175 km, **3)** 840 km fahren.
**b)** Vergleiche mit der Lösung zu Aufgabe 507!
Wähle zB: 100 km ≙ 1 cm und 10 Liter ≙ 1 cm!
**1)** 9 Liter **2)** 29 Liter **3)** 3 Liter

**516** a) Du darfst höchstens 5 Müsliriegel essen.
b) Ich habe den Prozentsatz (19 %) für die Tageszufuhr an Zucker verwendet.
c) zB: Verwende den Fettgehalt.

**517** 1) Ja, da das Produkt aus Anzahl der Personen und Kosten pro Person konstant ist.
2) Nein, da das Produkt der beiden Größen nicht konstant ist.
3) Ja, da das Produkt der beiden Größen konstant ist.

**518** A, D

**519** 1) Der Traktor braucht 1 h 39 min.
2) Die Radfahrerin braucht 1 h 6 min.
3) Die Strecke ist 13,2 km lang.

**520** Zoran braucht a) 15, b) 20, c) 13 Marmeladegläser.

**521** a) Das Urlaubsgeld würde für 15 Tage reichen.
b) Familie Klein dürfte täglich 69,60 € ausgeben.

**522** C, 1. Achse: Erbenanzahl, 2. Achse: Erbe in €

**523** 1) a) $b = 7\,m$ b) $b = 25\,m$ c) $b = 13\,m$
2) Die Länge der Seite b muss halbiert werden.
3) Die Länge der Seite b muss verdoppelt werden.

**524** 1) zB: Je mehr Packungen, desto weniger ist in einer Packung enthalten.
2)

| **Inhalt pro Packung** | 1 kg | 2 kg | 4 kg | 6 kg | $\frac{1}{2}$ kg | $\frac{1}{4}$ kg |
|---|---|---|---|---|---|---|
| **Anzahl der Packungen** | 24 | 12 | 6 | 4 | 48 | 96 |

3) $p = \frac{24}{a}$ a) 3 Packungen b) 10 Packungen c) 32 Packungen

**525** a) Man erhält 1) 24 Pakete, 2) 15 Pakete, 3) 40 Pakete, 4) 80 Pakete.
b) Jedes Paket enthält 1) 2 kg, 2) 4,5 kg, 3) 3,6 kg, 4) 1,5 kg.
c) Die Gesamtmenge beträgt 72 kg.
d) Nein, da die Anzahl der Pakete eine natürliche Zahl ($\neq 0$) sein muss.

**526** a) 1) 3 Personen kämen 32 Tage aus.
2) 2 Personen kämen 48 Tage aus.
3) 16 Personen kämen 6 Tage aus.
b) 1) 24 Personen würden den Vorrat in 4 Tagen aufbrauchen.
2) 16 Personen würden den Vorrat in 6 Tagen aufbrauchen.
3) 8 Personen würden den Vorrat in 12 Tagen aufbrauchen.

c)

| **Anzahl der Personen** | 2 | 3 | 8 | 12 | 16 | 24 |
|---|---|---|---|---|---|---|
| **Anzahl der Tage** | 48 | 32 | 12 | 8 | 6 | 4 |

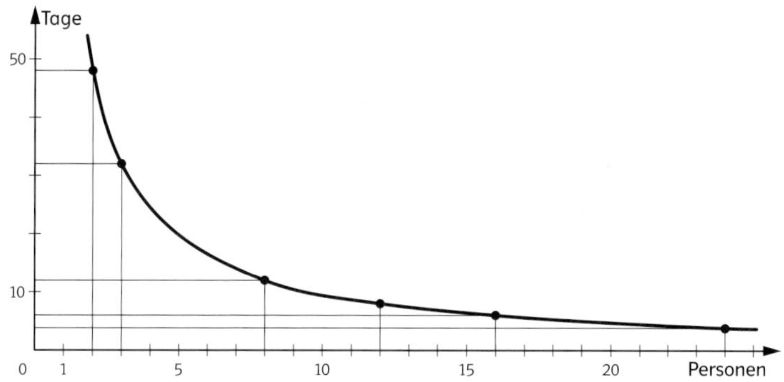


Beachte: Die Punkte liegen auf einer Kurve!

**527** Die sechs LKW müssen jeweils noch 5 Fahrten machen.

**528** a) 1) 180 m 2) 200 m
b) 1) 315 m 2) 350 m
c) 1) 495 m 2) 550 m

**529** a) 1) 133 s (133,3…) 2) 120 s
b) 1) 233 s (233,3…) 2) 210 s
c) 1) 367 s (366,6…) 2) 330 s

**530** Eva: 5,4 km/h, Antonius: 6 km/h

**531** 1) zB: Selma geht um 7:12 Uhr von zuhause weg. Von 7:17 Uhr bis 7:23 Uhr wartet sie auf eine Freundin, mit der sie dann plaudernd ihren Schulweg fortsetzt. Um 7:27 Uhr kommt sie in der Schule an.
2) **A**, **C**, **E**

**532**

| **km/h** | 30 | 54 | 18,7 | 86,4 | 36 | 3,6 |
|---|---|---|---|---|---|---|
| **m/s** | 8,3 | 15 | 5,2 | 24 | 10 | 1 |

**533** a) Paul 4,5 km/h, Joseph: 9 km/h
b) Joseph holt Paul um 9:08 Uhr ein.
c) Paul: 9:26:40 Uhr, Joseph: 9:17:20 Uhr

**534** **a) 1)** 8,2 km/min (8,17…) **2)** 492 km/h
**b) 1)** 8,8 km/min (8,77…) **2)** 528 km/h
**c) 1)** 13,7 km/min (13,65…) **2)** 822 km/h
**d) 1)** 3,75 km/min **2)** 225 km/h
**e) 1)** 7,0 km/min (6,99…) **2)** 420 km/h
**f) 1)** 11,6 km/min (11,62…) **2)** 696 km/h

**535** **A7**, **B5**, **C2**, **D1**, **E4**, **F3** (33,3 m/s), **G6** (20 m/s)

**536**

| | Zug | Geschwindigkeit | |
|---|---|---|---|
| a) | Magler (Japan) | 600 km/h | 166,7 m/s |
| b) | TGV Atlantique (Frankreich) | 515 km/h | 143,1 m/s |
| c) | Transrapid (China) | 500 km/h | 138,9 m/s |
| d) | Harmony Express (China) | 480 km/h | 133,3 m/s |
| e) | ICE-V (Deutschland) | 407 km/h | 113,1 m/s |
| f) | Railjet (Österreich) | 275 km/h | 76,4 m/s |

**537** Tobias: 6,8 m/s (6,81…) = 24,48 km/h
Stefan: 7,2 m/s (7,19…) = 25,92 km/h
Stefan ist schneller gelaufen.

**538** **a)** in 654 s
**b)** in 1307 s

**539** Der Ball ist 0,36 s in der Luft.

**540** Frau Dostal ist um 11:15 Uhr noch 20,25 km von Lienz entfernt.

**541** Das Kraftfahrzeug fährt mit unverminderter Geschwindigkeit
**a)** noch 6 m (5,8…), **b)** noch 10 m (9,7…), **c)** noch 16 m (15,5…).

**542** Das Auto fährt **a)** um 7,2 s, **b)** um 4,5 s später an Karl vorbei.

**543** **a) 1)** Gratwein ist 17 km von Graz entfernt.
**2)** Flora ist zu Beginn mit 16 km/h unterwegs.
**3)** Sie treffen einander um 14:00 Uhr.
**4)** Von 14:00 Uhr bis 14:30 Uhr haben sie keine Geschwindigkeit.
**5)** Sie sind mit 4 km/h unterwegs.
**b)** zB: Flora fährt um 13:00 Uhr mit dem Rad von Graz in Richtung Gratwein. Ihr Bruder geht ihr von Gratwein um 13:45 Uhr entgegen, sodass sie einander um 14:00 Uhr treffen. Nach einer 45minütigen Pause gehen beide nach Gratwein, wo sie um 15:00 Uhr eintreffen.

**544** 1)

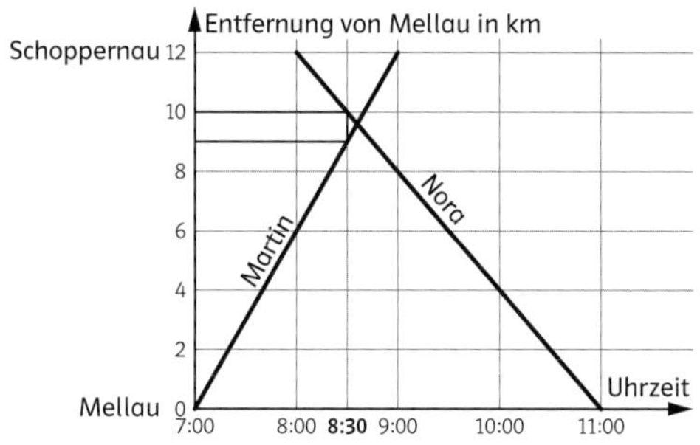


2) Um 8:30 Uhr sind sie 1 km voneinander entfernt.

**545** Frau Garger wird Lienz um etwa 11:39 Uhr erreichen.

**546** 1) a) 1,3125 km/min b) 78,75 km/h 2) um 0:42 Uhr

**547** 1) 0,86 km/min (0,859…) 2) um etwa 10:15 Uhr 3) um etwa 11:32 Uhr

**548** a) Die Fahrzeit beträgt 36 min. b) Der Zug legt rund 132 km (132,2…) zurück.

**549** a) Er wird 20 min brauchen. b) Er wäre 3 h unterwegs.

**550** 1) Die Strecke ist 216 km lang.
2) Sie wäre um 18 min früher am Ziel.

**551** 1) a) 24 000 Mbit = 24 Gbit b) 72 000 Mbit = 72 Gbit
2) zB: Wie lange dauert der Download für ein Video mit 720 Mbit?
Es dauert 24 s.

**552** a) Direkt proportional, da jedes Foto den gleichen Preis hat.
Rita bekommt von Maggy 0,84 €, von Julia 1,08 € und von Anja und Nina je 0,60 €.
b) Werden die Seiten eines Rechtecks verdoppelt, so wird der Flächeninhalt viermal so groß.
Der Flächeninhalt des Rechtecks beträgt 100 $m^2$.
c) Indirekt proportional, da mehr Englischbücher übereinander gestapelt werden müssen, um einen gleich hohen Stapel zu ergeben.
Es sind 75 Englischbücher übereinander gestapelt.

**553** a) zB: Zwischen Länge und Breite eines Flusses besteht kein Zusammenhang.
b) Er benötigt 2 min 30 s.

**554** a) Mehr Ware kostet mehr Geld.
Doppelte Stückzahl: doppelter Preis; direkt proportional.
b) Mehr Hasen verbrauchen mehr Futter.
Dreifache Anzahl: dreifache Futtermenge; direkt proportional.
c) Mehr Arbeitskräfte brauchen weniger Arbeitszeit.
Doppelte Anzahl an Arbeitskräften: halbe Arbeitszeit; indirekt proportional.
d) Weniger Arbeitsstunden bringen weniger Lohn.
Dreifache Arbeitsstundenzahl: dreifacher Lohn; direkt proportional.
e) Mehr Geschwindigkeit bedeutet weniger Fahrzeit.
Halbe Geschwindigkeit: doppelte Fahrzeit; indirekt proportional.

**555** Michael springt aus einer Höhe von 61,5 cm.

**556** Der Fahrpreis muss um 1,80 € pro Person erhöht werden.

**557** Der Zug erreicht den Bahnübergang a) 50,4 s später, b) 31,5 s später.

**558** Die Verzögerung beträgt 12 h.

**559** 1) zB: $\frac{140}{90} \approx 1{,}5$; 1,5 km/min = 90 km/h
2) zB: Herr Huber wird etwas mehr als 3 h brauchen.
3) Die mittlere Geschwindigkeit beträgt 90 km/h. Herr Huber benötigt 3 h 20 min.

K **560** 1)

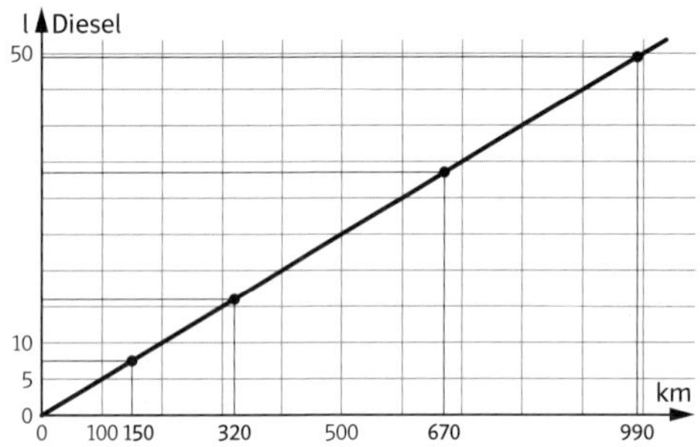


2) Für 990 km braucht Frau Greiner 49,5 Liter.
3) Wähle zB: 100 km ≙ 1 cm und 10 € ≙ 1 cm

K **561** Das Verhältnis der Seitenlängen ist indirekt proportional.
Die Länge der Seite b muss man
1) halbieren, 2) dritteln, 3) verdoppeln, 4) verdreifachen.

zB:

| | | | | | | | | | |
|---|---|---|---|---|---|---|---|---|---|
| a | 1 dm | 2 dm | 3 dm | 4 dm | 6 dm | 9 dm | 12 dm | 18 dm | 36 dm |
| b | 36 dm | 18 dm | 12 dm | 9 dm | 6 dm | 4 dm | 3 dm | 2 dm | 1 dm |

Beachte: Nicht jede Wahl der Seitenlängen ist sinnvoll!
Vergleiche mit der Lösung zu Aufgabe 526!
Wähle zB: 1 dm Seitenlänge ≙ 2 mm!

**562** 1) Für eine Seite braucht Corinna ungefähr 4 min 10 s.
2) Für das ganze Buch würde sie ungefähr 17 h 21 min 40 s brauchen.
zB: Die Ergebnisse sind weder genau noch sinnvoll, da die „Lesegeschwindigkeit" nicht gleich bleibt.

**563** Die Anzahl der Fragen müsste um 10 verringert werden.

**564** Diese Aufgabenstellung ist nicht lösbar, da man aus der Aufgabe nicht erkennen kann, wie viel Eier ein Huhn pro Tag legt.

**565** a) 2,1 kg Erdäpfel, 210 g Zwiebel, $\frac{7}{8}$ Liter Suppe, 7 EL Apfelessig, 14 EL Pflanzenöl
b) $(12 \cdot 2) : 3 = 8$
c) 1,5 kg Erdbeeren kosten 7,20 €.

**566** 1)

| | |
|---|---|
| 12 g | Kohlenhydrate |
| 5 g | Eiweiß |
| 4 g | Fett |

2) Manu: 15 g Kohlenhydrate, 6,25 g Eiweiß, 5 g Fett
Paulina: 9 g Kohlenhydrate, 3,75 g Eiweiß, 3 g Fett
Carmen: 30 g Kohlenhydrate, 12,5 g Eiweiß, 10 g Fett
3) Manu: 502,5 kJ, Paulina: 301,5 kJ, Carmen: 1005 kJ

**567** BioTraum: 2,64 €, Alpenschoki: 1,75 €, Chocco: 1,60 €, Molki und Praliné: 1,56 €

**568** A falsch; wenn er fünf Freunde einlädt, bekommt jeder zwei Müsliriegel.
B falsch; wenn acht Personen auf der Feier sind, kann jeder $1\frac{1}{4}$ Liter Limonade trinken.
C richtig
D richtig

**569** a) Martin kann den Fußball um 4 Wochen früher kaufen.
b) Martin müsste wöchentlich 1,20 € sparen.
c) Martin kann den Fußball nach insgesamt 11 Wochen kaufen.

**570** Auch mit ihren Freundinnen gemeinsam ist sie 20 min unterwegs.

**571** a) 1) 19,98 km/min 2) 1198,8 km/h
b) 999 m ≈ 1 km
c) 5994 km/h

**572** Die Felswand ist 1) rund 333 m, 2) rund 666 m, 3) rund 832,5 m entfernt.

**573** **1)** Rosalie müsste mit 5,6 km/h gehen (laufen).
**2)** zB: Wann ist sie in der Schule, wenn sie mit durchschnittlich 8,4 km/h läuft und um 7:45 Uhr startet? Sie ist um 7:55 Uhr in der Schule.

**574** **a)** 384 Werkstücke **b)** 24 Werkstücke **c)** 144 Werkstücke **d)** 304 Werkstücke **e)** 348 Werkstücke **f)** 176 Werkstücke **g)** 60 Werkstücke **h)** 36 Werkstücke

**575** Es sind 150 Pakete erforderlich.

**576** bis **586** siehe Buch Seite 281, 282!

# F Statistik – verschiedene Darstellungen

**587** **a)** und **b)** Vergleiche mit Buch Seite 140!

**588** **1)** Nach 10 Würfen: Kopf: 6; 0,6 = 60 %, Zahl: 4; 0,4 = 40 %
Nach 50 Würfen: Kopf: 27; 0,54 = 54 %, Zahl: 23; 0,46 = 46 %
Nach 100 Würfen: Kopf: 48; 0,48 = 48 %, Zahl: 52; 0,52 = 52 %
**2)** Es sind jeweils 50 % zu erwarten.

**589** **a)** Christoph

| Augenzahl | 1 | 2 | 3 | 4 | 5 | 6 | gesamt |
|---|---|---|---|---|---|---|---|
| absolute Häufigkeit | 6 | 7 | 4 | 2 | 10 | 3 | 32 |
| relative Häufigkeit | ≈ 0,188 | ≈ 0,219 | 0,125 | ≈ 0,063 | ≈ 0,313 | ≈ 0,094 | ≈ 1 |

Ilona

| Augenzahl | 1 | 2 | 3 | 4 | 5 | 6 | gesamt |
|---|---|---|---|---|---|---|---|
| absolute Häufigkeit | 3 | 5 | 3 | 6 | 2 | 5 | 24 |
| relative Häufigkeit | 0,125 | ≈ 0,208 | 0,125 | 0,25 | ≈ 0,083 | ≈ 0,208 | ≈ 1 |

**b)** **1)** Christoph: Augenzahl 5, Ilona: Augenzahl 4
**2)** Christoph: Augenzahl 4, Ilona: Augenzahl 5
**c)** Christoph hat nicht recht, da die relative Häufigkeit der Augenzahl 3 bei beiden gleich ist.

**590** **a)** zB:

| Augenzahl | 1 | 2 | 3 | 4 | 5 | 6 | gesamt |
|---|---|---|---|---|---|---|---|
| absolute Häufigkeit | 0 | 0 | 0 | 32 | 0 | 0 | 32 |

**b)** **1)** für Augenzahlen, die nie gewürfelt wurden
**2)** für die Augenzahl, die immer gewürfelt wurde

**591** **1)** und **2)** Vergleiche mit der Lösung zu Aufgabe 589!
**3)** Die relativen Häufigkeiten nähern sich ≈ 0,167 $\left(=\frac{1}{6}\right)$.

**592** **B, E**

**593** **1)**

| Augenzahl | 1 | 2 | 3 | 4 | 5 | 6 | gesamt |
|---|---|---|---|---|---|---|---|
| absolute Häufigkeit | 4 | 3 | 4 | 1 | 4 | 3 | 19 |
| relative Häufigkeit | ≈ 0,211 | ≈ 0,158 | ≈ 0,211 | ≈ 0,053 | ≈ 0,211 | ≈ 0,158 | ≈ 1 |
| prozentuelle Häufigkeit | 21,1 % | 15,8 % | 21,1 % | 5,3 % | 21,1 % | 15,8 % | 100 % |

**2)** höchste prozentuelle Häufigkeit: 1, 3, 5
niedrigste prozentuelle Häufigkeit: 4

**594** **a) 1)** 10,6 **2)** 9 **3)** 9
**b) 1)** 13,2 (13,16…) **2)** 13 **3)** 11 und 14
**c) 1)** 19 **2)** 16 **3)** 16
**d) 1)** 4,6 (4,62…) **2)** 5 **3)** 5

**595** **1)** arithmetisches Mittel: 40,25, Median: 40,5
**2)** Das arithmetische Mittel ändert sich stärker.
arithmetisches Mittel: 36,6 Median: 39

**596** **A3, B5, C4, D2**

**597** **a) 1)** 44,2 **2)** 41 **c) 1)** 57,1 **2)** 60,5
**b) 1)** 42 **2)** 33 **d) 1)** 35,3 **2)** 28

**598** **1)** erste Woche: 11 min, zweite Woche: 15,6 min
**2)** erste Woche: 13 min, zweite Woche: 13 min
**3)** zB: in der ersten Woche ist der Median größer als das arithmetische Mittel.
in der zweiten Woche ist der Median kleiner als das arithmetische Mittel.
**4)** zB: 4 min: Cornelius ist mit dem Auto in die Schule gebracht worden.
27 min: Cornelius ist zu Fuß in die Schule gegangen.

**599** zB: **a)** 9, 9, 9, 9; 2, 6, 12, 16
**b)** Die vierte Zahl ist 17, da die Summe 36 sein muss.

**600** zB: Vitus hat recht.
Es gilt: arithmetisches Mittel $= \frac{\text{Summe}}{\text{Anzahl}} \Rightarrow 8 = \frac{\text{Summe}}{4} \Rightarrow \text{Summe} = 4 \cdot 8 = 32$

K **601** Wien: 12 °C, London: 10,5 °C (10,45…)

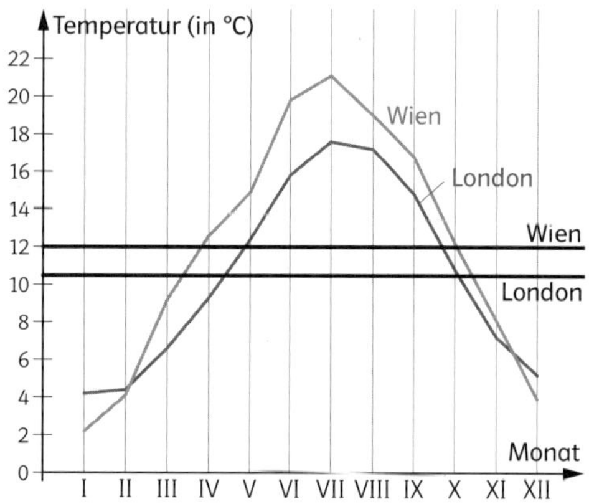


**602** **A, C**

K **603** 1) und 2)

| Bundesland | Stmk. | Ktn. | NÖ | OÖ | Bgl. |
|---|---|---|---|---|---|
| Zentriwinkel | 182° | 3° | 85° | 11° | 79° |
| Prozentsatz | 50,6 % | 0,8 % | 23,6 % | 3,1 % | 21,9 % |
| Erntemenge | 62,2 t | 1,0 t | 29,0 t | 3,8 t | 26,9 t |

3)

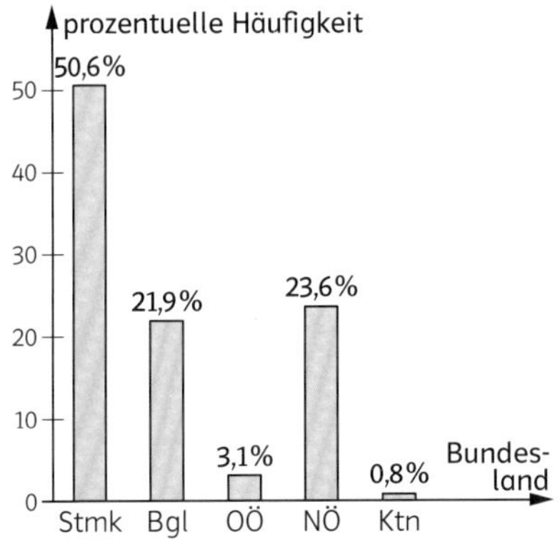


K **604** 30 % ≙ 108°, 25 % ≙ 90°, 20 % ≙ 72°, 12 % ≙ 43,2°, 8 % ≙ 28,8°, 5 % ≙ 18°

**605** zB: **1)** Katze: 50 % ≙ 180°
**2)** Die Summe der Prozentangaben ergibt mehr als 100 % (125 %).

K **606** 1)

| Anzahl der Geschwister | 0 | 1 | 2 | 3 | > 3 |
|---|---|---|---|---|---|
| Klasse 1 | 25 % | 40 % | 20 % | 5 % | 10 % |
| Klasse 2 | 12 % | 48 % | 24 % | 16 % | 0 % |

**2)** Klasse 1: 1 Geschwister
Klasse 2: 1 Geschwister

**3)** zB: Klasse 1

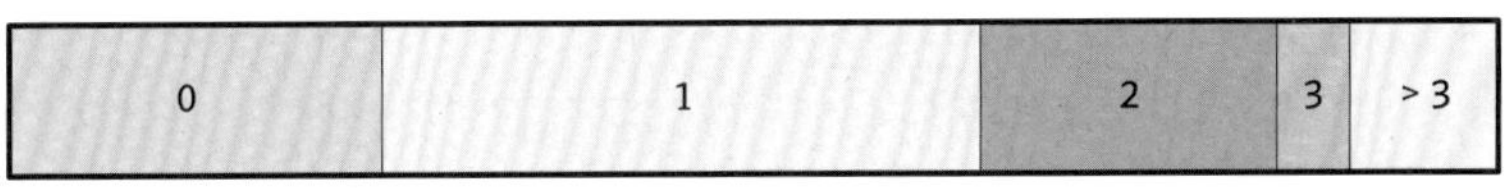


Klasse 2

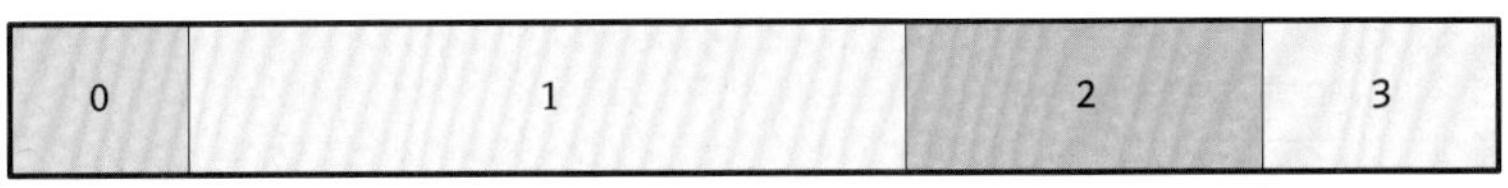


**607** **1)** **A** Balkendiagramm
**B** Liniendiagramm
**C** Kreisdiagramm
**D** Säulendiagramm

**2)** **A** und **D** geben die Daten am besten wieder.

**3)** Das Liniendiagramm ist ungeeignet, da es zB keine 2,5 Geschwister gibt.

**608** Wähle zB: 2 h ≙ 1 cm und 1 °C ≙ 2 cm!

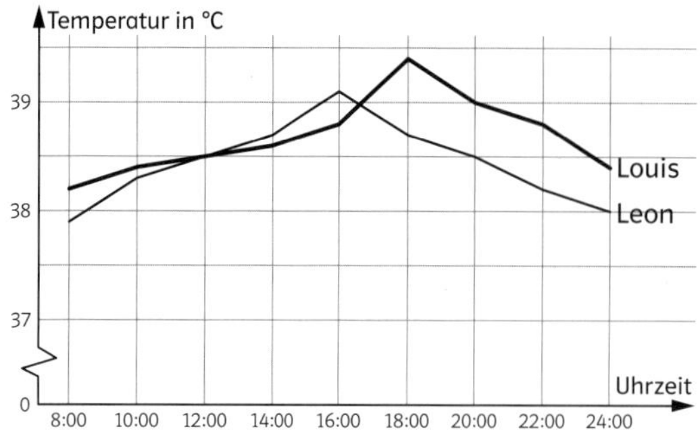


**609** **1)** und **2)**

| Jahr | Energieverbrauch | Freisetzung von $CO_2$ |
|---|---|---|
| 1980 | 1 000 000 TJ | 53 Mio. t |
| 1990 | 1 100 000 TJ | 55 Mio. t |
| 2000 | 1 200 000 TJ | 66 Mio. t |
| 2010 | 1 500 000 TJ | 90 Mio. t |

Energieverbrauch
Wähle zB: 200 000 TJ ≙ 1 cm

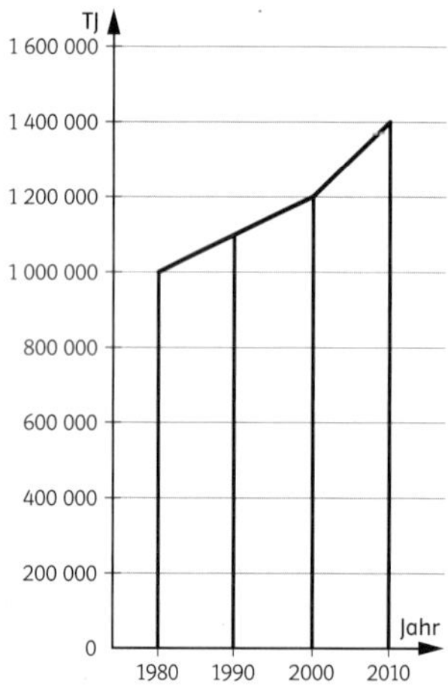


Freisetzung von $CO_2$
Wähle zB: 10 Mio. t ≙ 1 cm

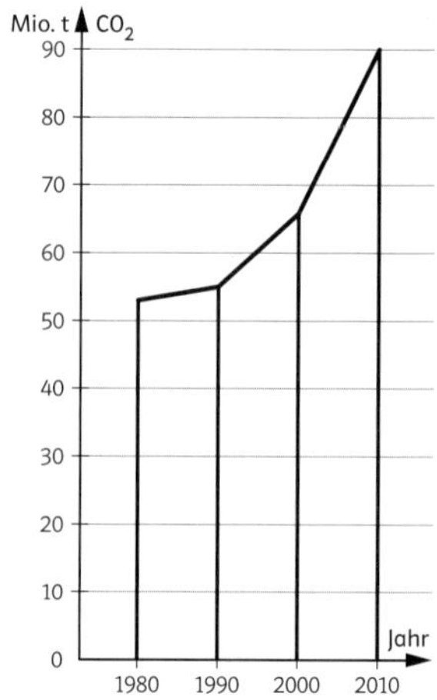


**3)** Der Verlauf der Linien steigt stetig an!

**610** **1)**

| Jahr | Ausdehnung in km² |
|---|---|
| 1920 | 11 000 000 |
| 1940 | 10 500 000 |
| 1960 | 10 100 000 |
| 1980 | 9 200 000 |
| 2000 | 8 200 000 |
| 2010 | 5 800 000 |

**2)** **a)** 91,8 % (91,81…) **b)** 74,5 % (74,54…) **c)** 52,7 % (52,72…)

**611** 1)

| Monat | Niederschläge in mm | Temperatur in °C |
|---|---|---|
| Januar | 80 | 8 |
| Februar | 70 | 9 |
| März | 68 | 12 |
| April | 60 | 15 |
| Mai | 46 | 19 |
| Juni | 38 | 23 |

| | Niederschläge in mm | Temperatur in °C |
|---|---|---|
| Juli | 16 | 24 |
| August | 34 | 23 |
| September | 70 | 19 |
| Oktober | 106 | 15 |
| November | 118 | 12 |
| Dezember | 96 | 8 |

**2)** zB: Mai und Juni: wenig Niederschlag und angenehme Temperaturen.

**3)** zB: In welchem Monat ist der Niederschlag am größten? Antwort: November
In welchem Monat ist die Temperatur am größten? Antwort: Juli

**612**

| Datensätze | Diagramm |
|---|---|
| Klassensprecherwahl: 10 Stimmen für Andi, 5 für Caroline, 7 für Romi und 3 für Tobias. | Streifendiagramm |
| Wahl zum Bundespräsidenten, Ergebnis in % | Streifendiagramm |
| Fieberkurve | Liniendiagramm |
| Noten der ersten Mathematikschularbeit in der 2A-Klasse | Streckendiagramm |
| Niederschlagsmenge im Jahresverlauf | Liniendiagramm |

**613** **B**, **C**, **E**

**614** Schlaf: 8 h 9,6 min, Körperpflege: 57,6 min, essen: 1 h 40,8 min, Schule: 4 h 48 min, Hausübung, lernen: 1 h 26,4 min, Freizeit: 2 h 38,4 min, Musik: 57,6 min, Schwimmtraining: 2 h 52,8 min, lesen 28,8 min

**615** **a)**

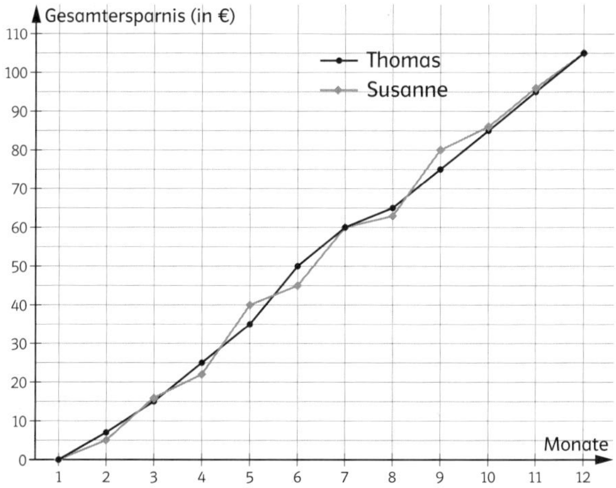


Man sieht, dass sie fast gleich viel erspart.

**b)** Beide haben gleich viel gespart. (Beide Säulen zeigen 105 € an.) zB 1 cm = 10 €

**616** A, D

**617** zB: In der linken Graphik ist die 2. Achse verkürzt gezeichnet und die Skalierung größer als in der rechten Graphik.

**618** a) 1)

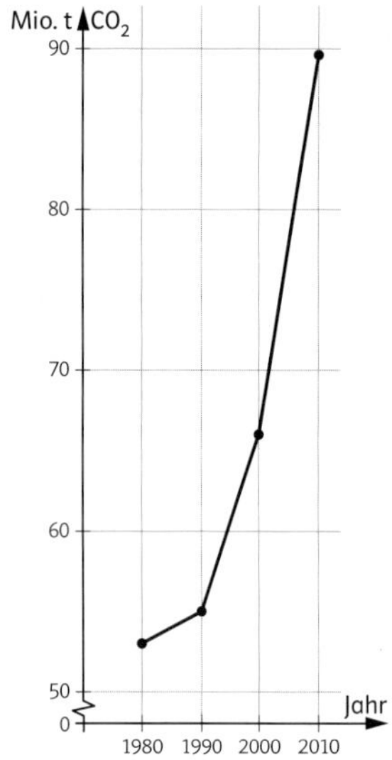


2)

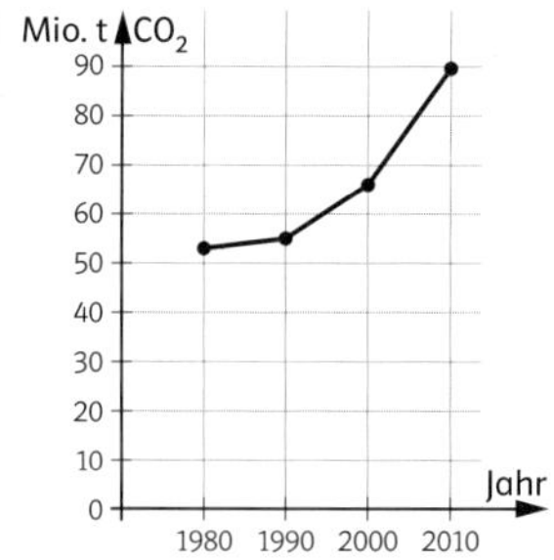


b) 1)

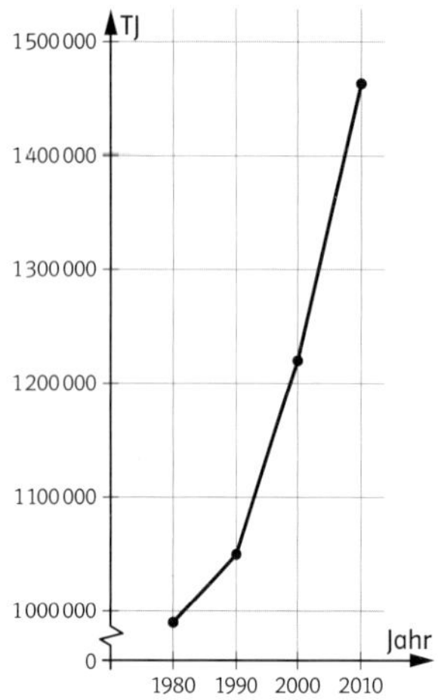


2)

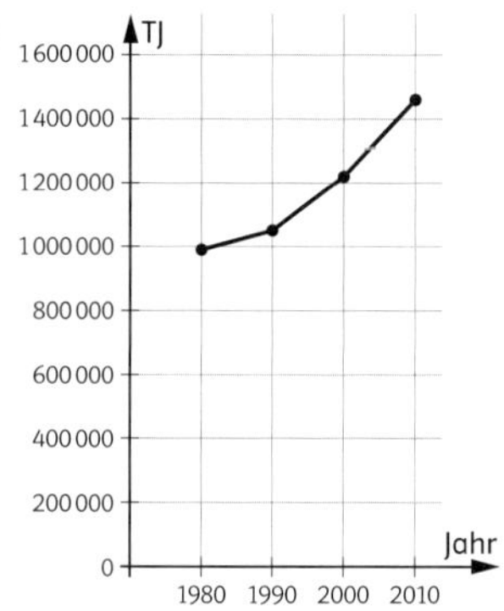

**619** 1) zB: Verkürzung der ersten Achse.

2) 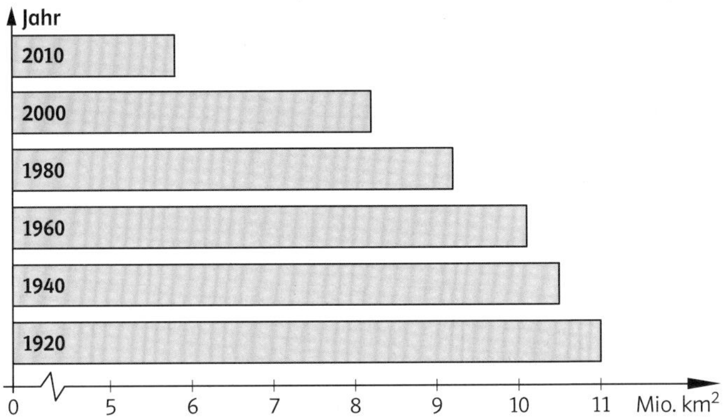


**620** zB: 1) Die Verkaufszahlen werden jeweils korrekt dargestellt

2) Der Anstieg der Verkaufszahlen erscheint durch die räumliche Darstellung größer.

K **621** zB: 1) Die drei Diagramme unterscheiden sich durch die Skalierung der 2. Achse.

2) Die Graphik links. Die Unterschiede werden am deutlichsten dargestellt.

3) 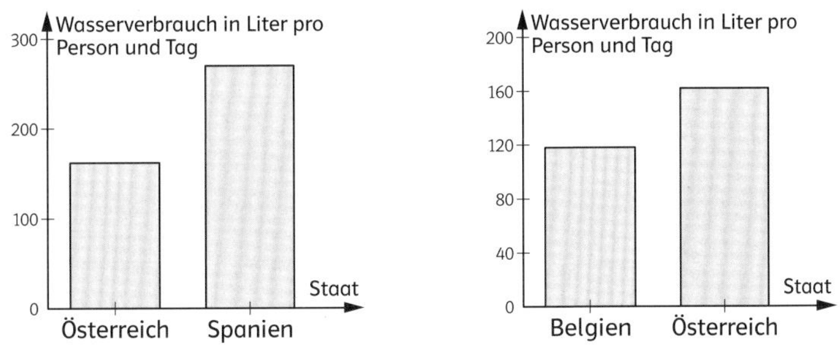


**622** a) 1) 1,19 € ≙ 313,2 % (313,15…) 2) 0,38 € ≙ 31,9 % (31,93…)

b) zB: Die beiden Graphiken unterscheiden sich durch die Wahl des Grundwertes.

c) zB: Man wird die Rechenweise 1) verwenden, da dort die Teuerung größer erscheint.

K **623** zB: 1) Das Flächendiagramm lässt die Unterschiede zu groß erscheinen.

2) Die für die Auszahlung des Kindergeldes zuständige Behörde.

3) 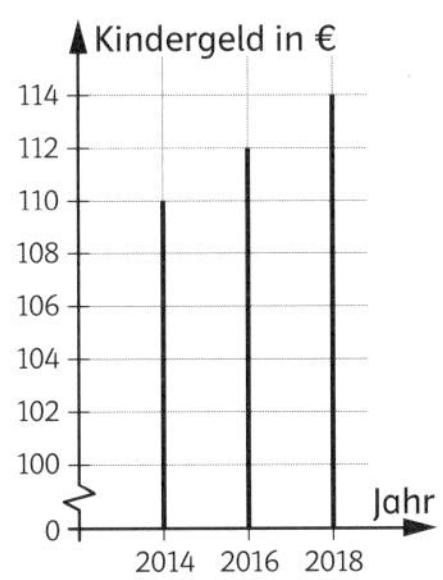


**624** 1) **A** Politiker 2, **B** Politiker 3, **C** Politiker 1

2) zB: Politiker 1: Kleine Einheiten auf der 2. Achse

Politiker 2: Unterdrücken von Daten, Verkürzung der 2. Achse, große Einheiten auf der 2. Achse

Politiker 3: Unterdrücken von Daten, Verkürzung der 2. Achse, große Einheiten auf der 2. Achse

**625** 1) zB: Der Sachverhalt wird nicht korrekt wiedergegeben. Die Gesamthöhen der Geldsäcke entsprechen zwar den angegebenen Prozentsätzen, aber der Geldsack, der das Durchschnittseinkommen Spanien symbolisiert, scheint weit mehr Geld zu enthalten als 50% mehr.

2)
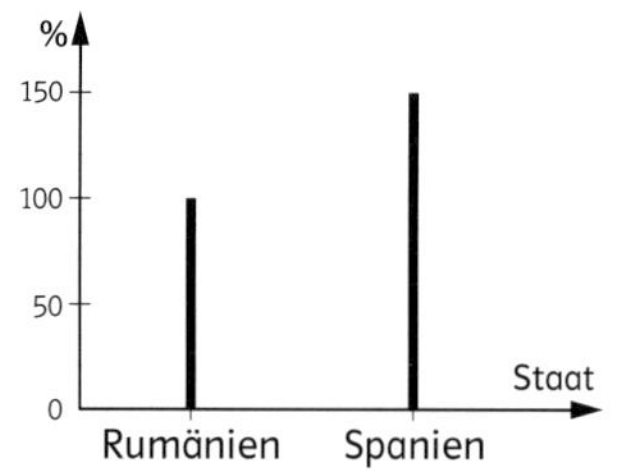


3)
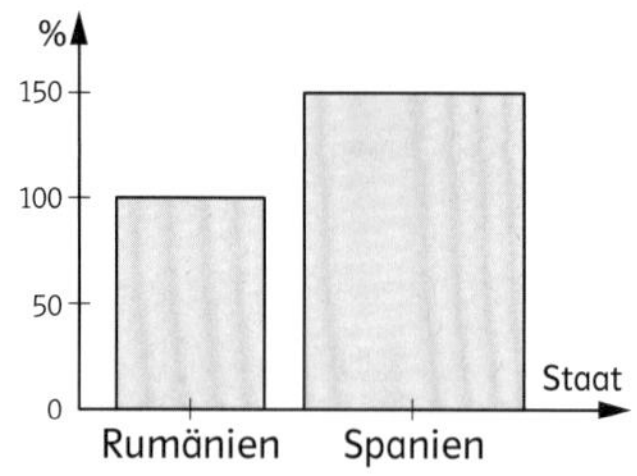


4) Das Diagramm aus 2) gibt das tatsächliche Verhältnis an.
Das Diagramm aus 3) ähnelt der Darstellung mit den Geldsäcken.

**626** a) 1) 11,1% (11,11...) 2) 12,5% 3) um 2,8% (2,77...)

b)
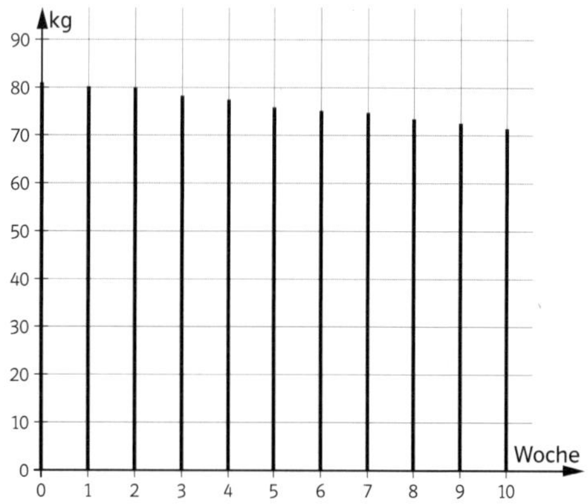


c) zB:
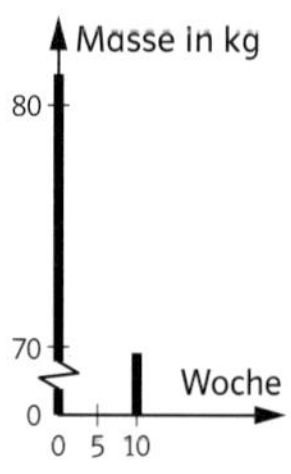

**627**

| | Wahlfach | Zentriwinkel | Relative Häufigkeiten | Anzahl der Nennungen |
|---|---|---|---|---|
| **BLAU** | Bühnenspiel | 90° | $\frac{1}{4}$ | 24 |
| **ROT** | Fußball | 120° | $\frac{1}{3}$ | 32 |
| **GRÜN** | Basketball | 45° | $\frac{1}{8}$ | 12 |
| **OCKER** | Orchester | 45° | $\frac{1}{8}$ | 12 |
| **LILA** | Sportklettern | 60° | $\frac{1}{6}$ | 16 |

**628** Lesen: 16, Sport: 42, Computer spielen: 62, Freunde treffen: 32, Fernsehen: 48
**A, C, D**

K **629** **1)** Süßigkeiten: 7%, Bücher: 51,0%, Freizeit: 36%, Sparen: 6%
**2)** Süßigkeiten: 1,40€, Bücher: 10,20€, Freizeit: 7,20€, Sparen: 1,20€
**3)** Wähle den Prozentstreifen 100 mm lang!
1,90€ ≙ 9,5%, 5,80€ ≙ 29%, 10,60€ ≙ 53%, 1,70€ ≙ 8,5% gespart
**4)** Ja, zB das Kreisdiagramm

K **630** **1)** zB: Ein Liniendiagramm ist für die Tore der Bundesliga nicht geeignet, da es keine 1,5 Mannschaften gibt.
**2)** Tore: 30,4, Temperatur: 21,1 °C

**631** **a) 1)** 189% bzw. 65%

**2)**

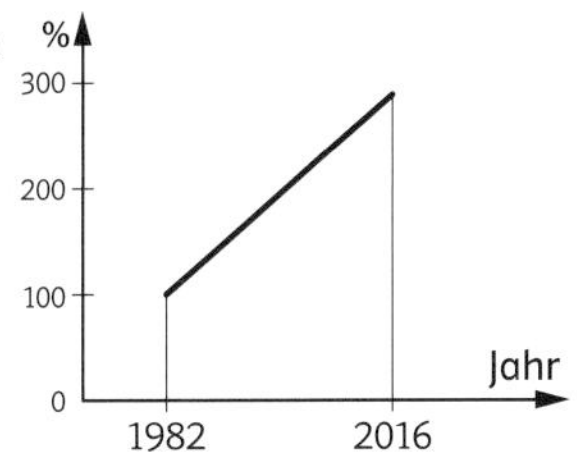


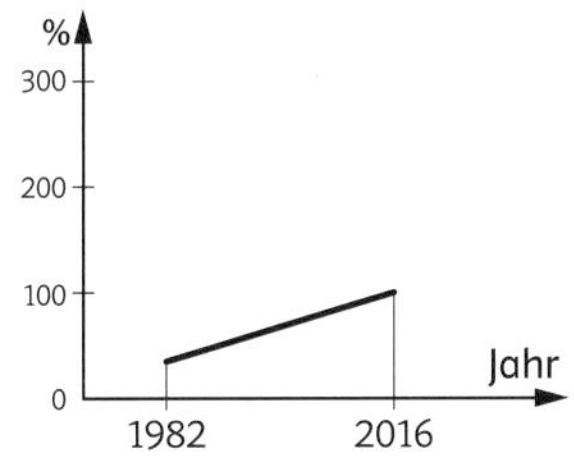


**b) 1)** Die Erhöhung beträgt 22,2% (22,22…).

**2)**

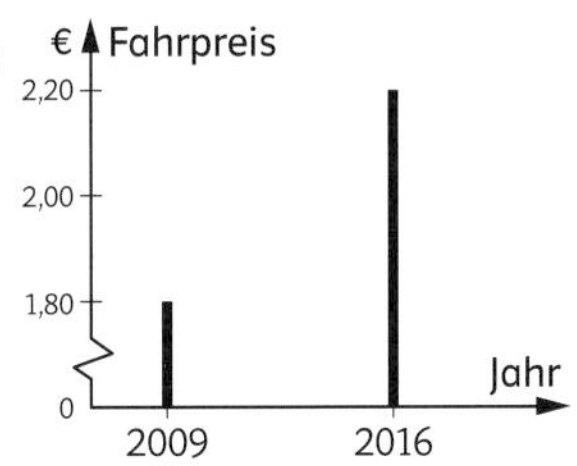


**632** **a) 1)** 22,50€; 16,80€; kein Modus
**2)** Arithmetisches Mittel und Median sind sinnvoll, ein Modus existiert nicht.
**b) 1)** 3h 7min 30s; 2h 30min; 3h
**2)** Alle drei Mittelwerte sind aussagekräftig.
**c) 1)** 15,8kg; 15kg; 15kg
**2)** Arithmetisches Mittel und Median sind sinnvoll, der Modus nicht.

**633** a) 10,9 g ≙ 10,9 mm, 60,8 g ≙ 60,8 mm, 7,6 g ≙ 7,6 mm, 8,0 g ≙ 8 mm, 12,7 g ≙ 12,7 mm

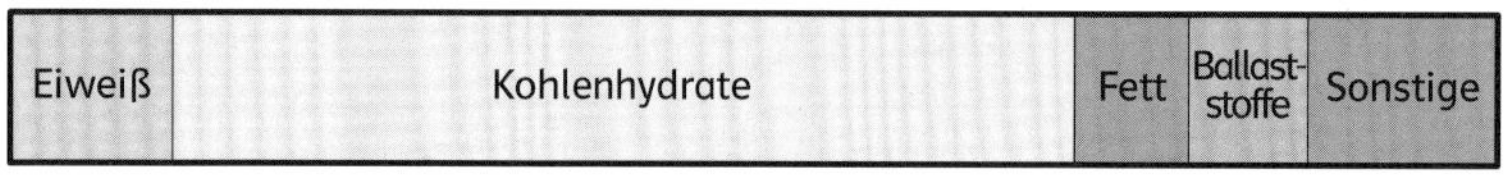


b) Das sind rund 57,7% (57,69…) der empfohlenen Tagesdosis.
50 g Müsli decken 96,2% (96,15…) der empfohlenen Tagesdosis an Vitamin B1 ab.

K **634** a)

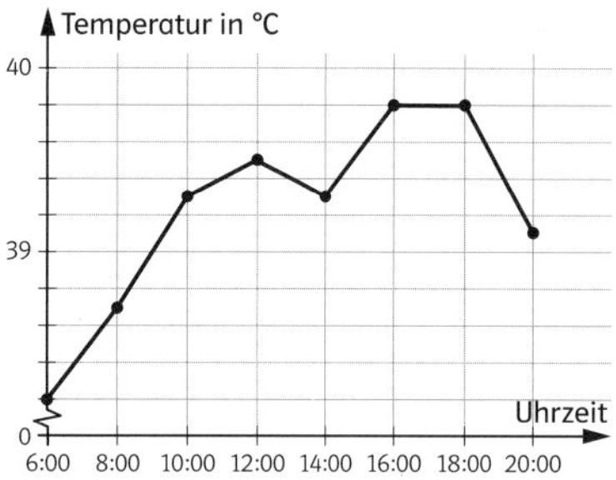


b) Nein, da die Mittelwerte nichts über den Verlauf des Fiebers aussagen.
c) 13 Uhr: 39,4 °C, 19 Uhr: 39,4 °C
Die Antworten sind nicht eindeutig.
d) zB: Die Werte zwischen zwei Messdaten sind nicht eindeutig.

K **635** 1)

| Noten | Sehr gut | Gut | Befriedigend | Genügend | Nicht genügend |
|---|---|---|---|---|---|
| **relative Häufigkeit** | 14,8% | 18,5% | 40,7% | 14,8% | 11,1% |

Wähle zB ein Säulendiagramm mit 10% ≙ 1 cm!

2)

| Noten | Sehr gut | Gut | Befriedigend | Genügend | Nicht genügend |
|---|---|---|---|---|---|
| **relative Häufigkeit** | 15% | 20% | 35% | 15% | 15% |

zB: Die Schularbeit ist schlechter ausgefallen.

**636** B

**637** zB: Das arithmetische Mittel von 10 Zahlen erhält man, indem man die Summe der Zahlen durch 10 dividiert.
Multipliziert man das arithmetische Mittel von 10 Zahlen mit 10, so erhält man die Summe der 10 Zahlen.

**638** Fülle die fehlenden Textelemente in folgender Reihenfolge aus: Maximilian; 2,23%; David; 46.

**639** a) B, C
b) „Gurkenhysterie“: Gurken standen 2011 unter Verdacht schwere Krankheiten zu verursachen. In Wirklichkeit waren „nur“ auf drei Gurken Keime.

**640** **1)** zB: Im Kreisdiagramm ist der Stimmenanteil besser zu erkennen.
**2)** 18,9 % ≙ 68,04°; 35,1 % ≙ 126,36°; 11,3 % ≙ 40,68°; 11,1 % ≙ 39,96°; 2,3 % ≙ 8,28°; 21,3 % ≙ 76,68°

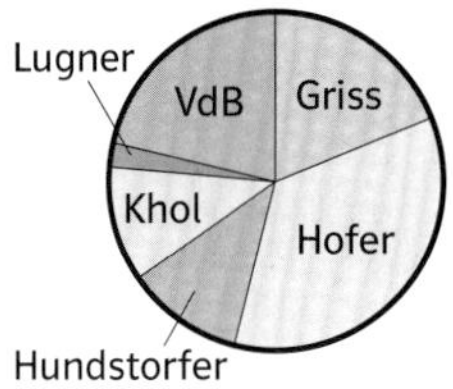


**641** **a)**

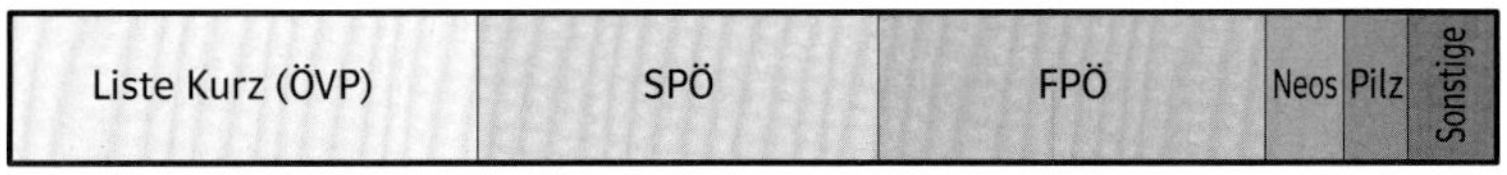


**b)**

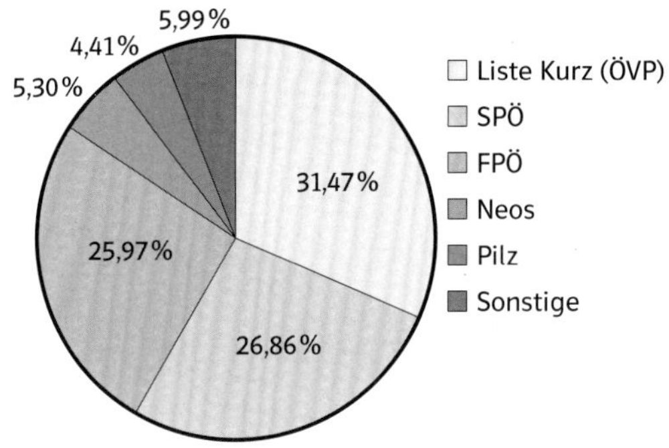


K **642** **1)** arithmetisches Mittel: 2,3 h (2,33…), Median: 2 h, Modus: 2 h
**2)** Wähle zB: 1 h ≙ 1 cm!

**643** bis **651** siehe Buch Seite 282, 283!

# G Winkel, Koordinaten und Symmetrie

**652** zB: **a)**

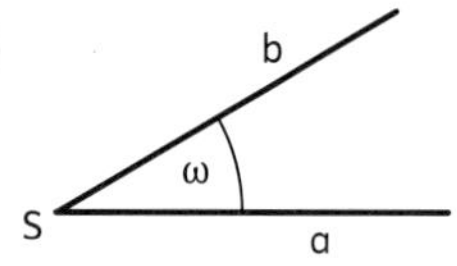


**b)**

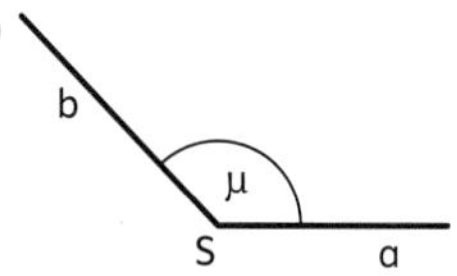


**c)**

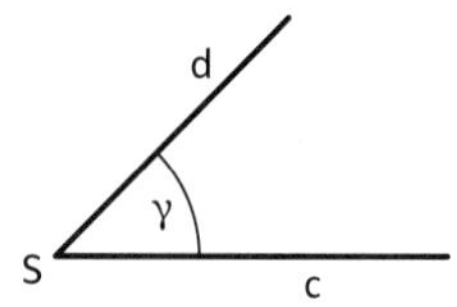


**d)**

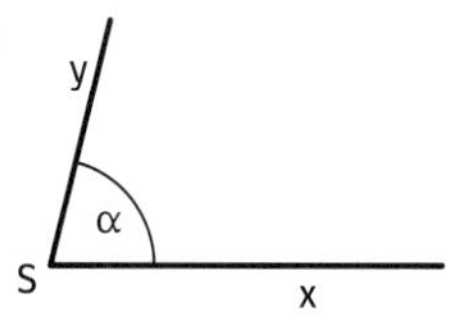


**e)**

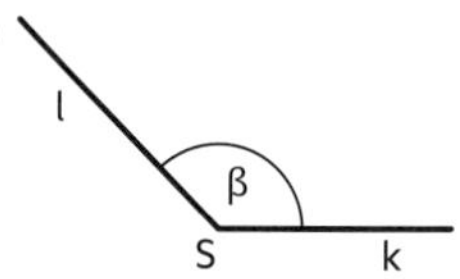


**f)**

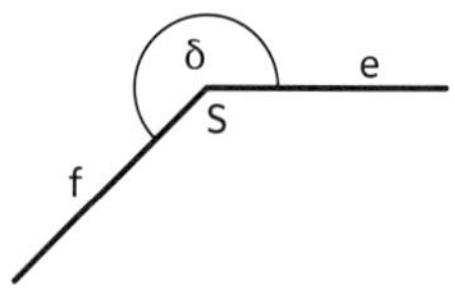


**g)**

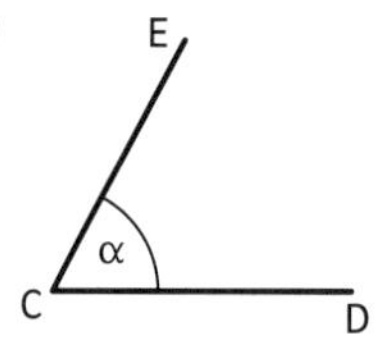


**h)**

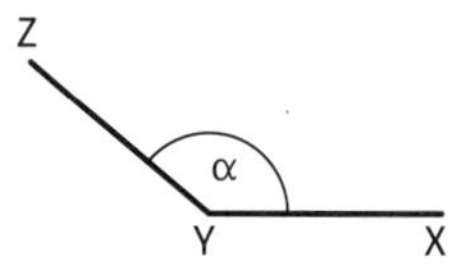


**i)**

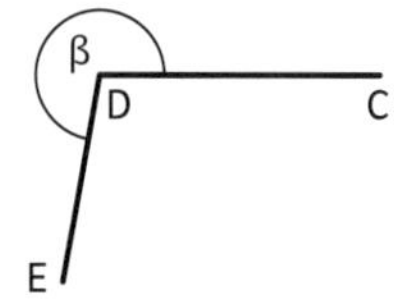


**j)**

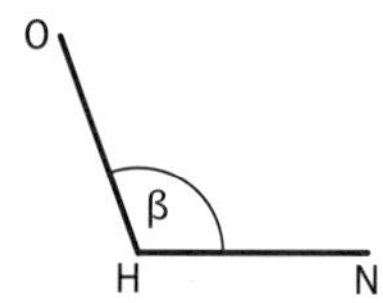


**653** zB: Spitzer Winkel: $\alpha = 45°$; $\sphericalangle ab = 45°$; $\sphericalangle ASB = 45°$

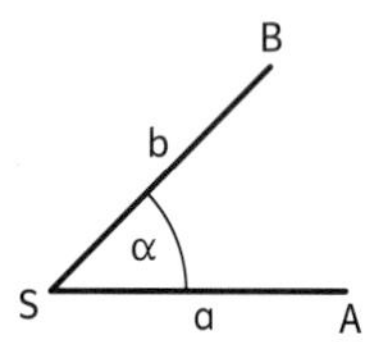


Rechter Winkel: $\alpha = 90°$; $\sphericalangle ab = 90°$; $\sphericalangle ASB = 90°$

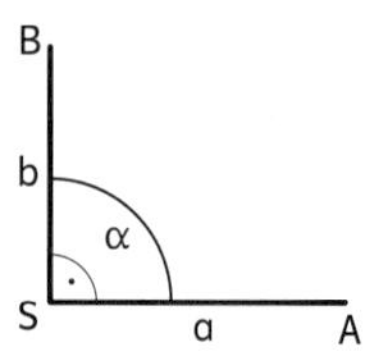


Stumpfer Winkel: $\alpha = 135°$; $\sphericalangle ab = 135°$; $\sphericalangle ASB = 135°$

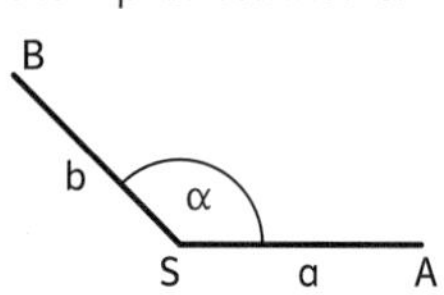


Gestreckter Winkel: $\alpha = 180°$; $\sphericalangle ab = 180°$; $\sphericalangle ASB = 180°$

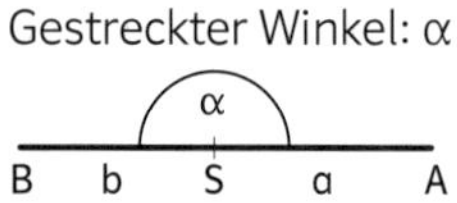


Erhabener Winkel: $\alpha = 225°$; $\sphericalangle ab = 225°$; $\sphericalangle ASB = 225°$

**653**

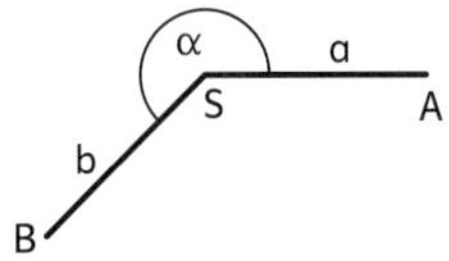


Voller Winkel: $\alpha = 360°$; $\sphericalangle ab = 360°$; $\sphericalangle ASB = 360°$

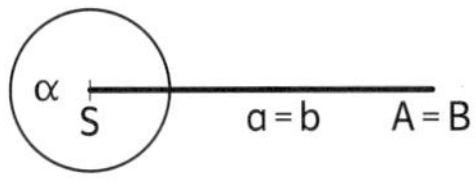


**654** zB: **a)**

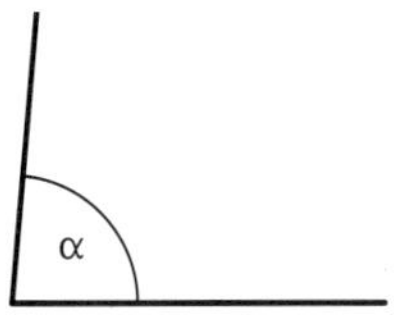


spitzer Winkel

**b)**

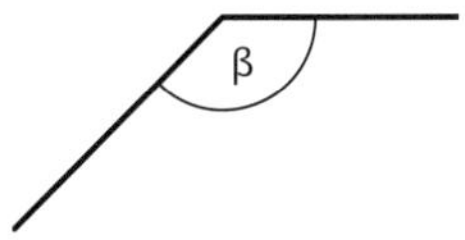


stumpfer Winkel

**c)**

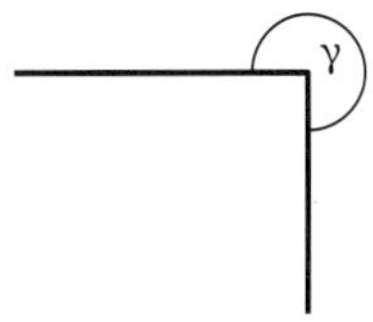


erhabener Winkel

**d)**

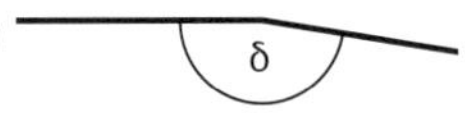


stumpfer Winkel

**655** α…alpha, β…beta, γ…gamma, δ…delta, ε…epsilon, μ…my, φ…phi, ω…omega

**656** zB: $\alpha = \sphericalangle QPR$, $\beta = \sphericalangle PQR$, $\gamma = \sphericalangle PRQ$

**657** zB: $\varepsilon = \sphericalangle st$, $\omega = \sphericalangle uv$

**658**

| | | |
|---|---|---|
| **a) 1)** spitzer Winkel | **2)** zB: $\omega = 30°$ | **3)** $\omega = 35°$ |
| **b) 1)** stumpfer Winkel | **2)** zB: $\beta = 100°$ | **3)** $\beta = 115°$ |
| **c) 1)** spitzer Winkel | **2)** zB: $\delta = 80°$ | **3)** $\delta = 80°$ |
| **d) 1)** erhabener Winkel | **2)** zB: $\gamma = 300°$ | **3)** $\gamma = 320°$ |

K **659** **a)**

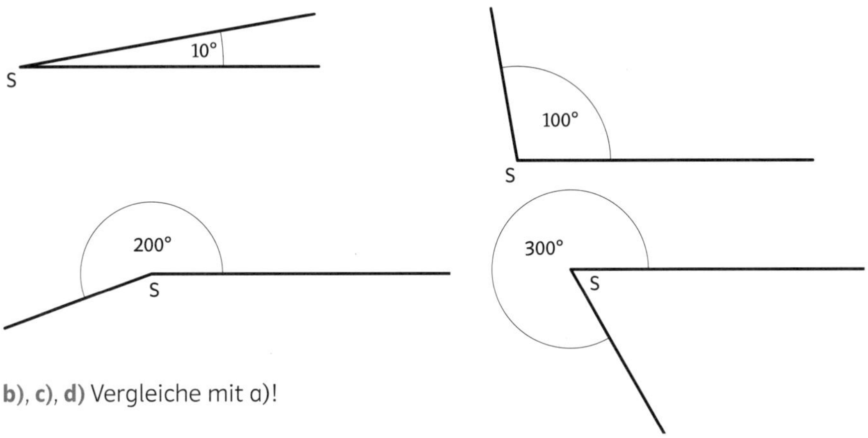


**b)**, **c)**, **d)** Vergleiche mit a)!

**660** **B**, **E**

**661** **a)** N – O: 90°; N – S: 180°; N – W: 270°

**b)** N – NO: 45°; N – SO: 135°; N – SW: 225°; N – NW: 315°

**c)** N – NNO: 22,5°; N – ONO: 67,5°; N – OSO: 112,5°; N – SSO: 157,5°; N – SSW: 202,5°

K **662** a) 1) 16,0 m ≙ 16,0 cm; 7,0 m ≙ 7,0 cm 2) $\alpha = 24°$
b) 1) 10,0 m ≙ 2,0 cm; 20,0 m ≙ 4,0 cm; 15,0 m ≙ 3,0 cm 2) $\alpha = 56°$

K **663** 56 m ≙ 11,2 cm; 4 m ≙ 0,8 cm; $\alpha = 4°$

**664** a) 120′ b) 600′ c) 6 000′ d) 2 550′ e) 4 746′ f) 735′

**665** a) 190′ b) 326′ c) 546′ d) 156′ e) 234′ f) 282′ g) 12′ h) 18′ i) 36′ j) 912′ k) 4 859′ l) 7 212′

**666** a) $\alpha = 1°\,40'$ b) $\beta = 3°\,55'$ c) $\gamma = 4°\,10'$ d) $\delta = 5°\,47'$ e) $\varepsilon = 11°\,40'$ f) $\mu = 14°\,33'$ g) $\alpha = 16°\,40'$ h) $\varphi = 26°\,8'$ i) $\beta = 38°\,20'$ j) $\omega = 42°\,47'$

**667** a) 25° b) 7° 9′ c) 26° 45′ d) 33° 58′

**668** a) 91° 20′ b) 347° 28′ c) 802° 55′ d) 1 250° 30′ e) 320° 34′

**669** a) 4° 30′ b) 19° 50′ c) 17° 40′ d) 29° 50′ e) 15° 20′

**670** a) 155°, 25° b) 73°, 107° c) 167° 15′, 12° 45′ d) 104,3°, 75,7° e) $97\frac{1}{2}°$, $82\frac{1}{2}°$ f) 180° – x°, x°

**671** zB: a) Nebenwinkel sind Parallelwinkel, welche zusammen einen gestreckten Winkel (180°) ergeben.
b) Scheitelwinkel sind gleich große Parallelwinkel.

**672**

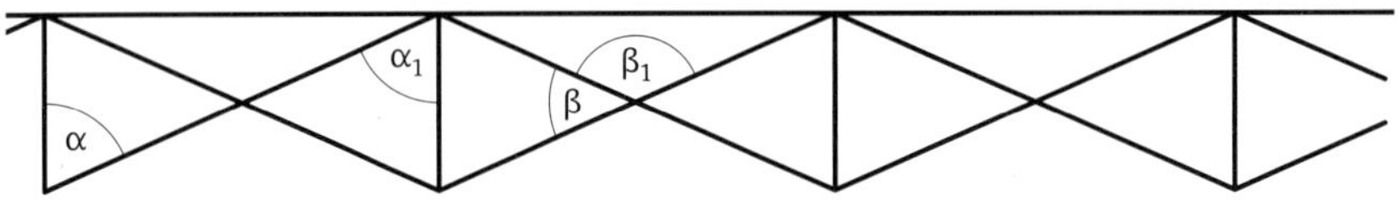


K **673**

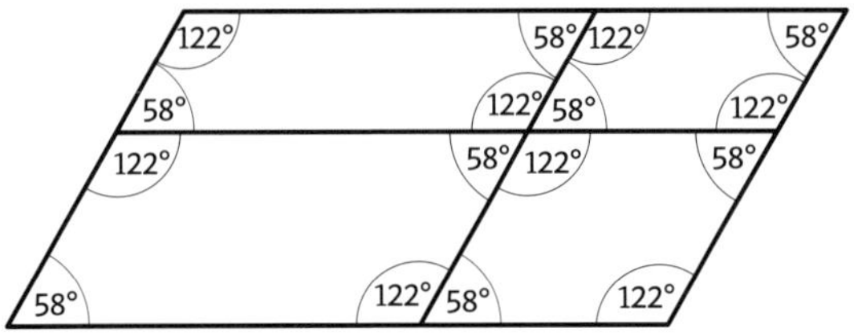


**674**

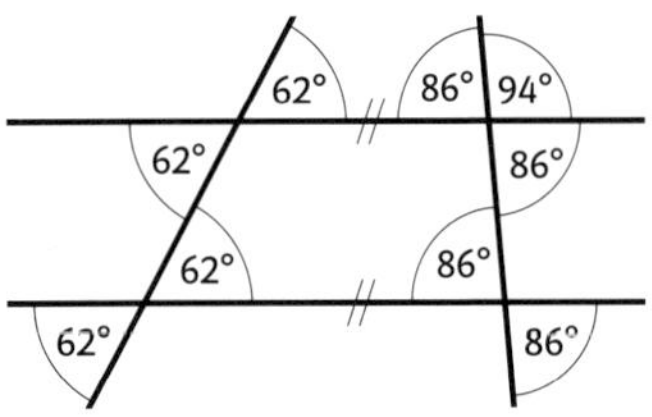

**675** gleich groß: **A, B, D**; ergänzen einander auf 180°: **C**

**676** **B, D**

K **677** Zeichne ein „Z" mit dem entsprechenden Winkel!

**678**

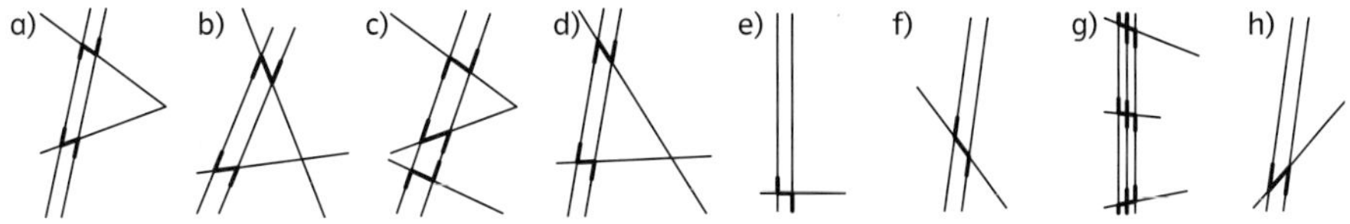


K **679** Es ergibt sich der Blockbuchstabe
**a)** A **b)** zB: N bzw. O bzw. U bzw. X.

K **680** zB: L: A = (0|0), B = (0|5), C = (4|0)
X: A = (0|0), B = (0|5), C = (5|0), D = (5|5), E = (2,5|2,5)

**681** Es entsteht das Bild eines Fisches.

**682** **a)** A = (3|0), B = (4,5|0), C = (4,5|3), D = (3|3), E = (1,5|2,5), F = (1,5|1), G = (3|1,5)
**b)** A = (1|0), B = (2,5|0), C = (2,5|1), D = (4|1), E = (4|0), F = (5,5|0), G = (5,5|3), H = (4|3), I = (4|2), J = (2,5|2), K = (2,5|3), L = (1|3)

K **683** **a)** D = (1|7) **b)** D = (2,4|6,8) **c)** D = (1|4) **d)** D = (3|5,5)

K **684** **a)** D = (2|5) **b)** B = (8,7|1,2) **c)** D = (1|6) **d)** D = (2,1|2,4)

K **685** **a) 1)** X = (4|2) **2)** $\alpha = 72°$ **b) 1)** X = (1,8|3,1) **2)** $\alpha = 62°$

**686** **a)** $\alpha = 55°$ **b)** $\alpha = 45°$

**687** **B, D**

**688** **a)** zB: Alle Punkte mit der gleichen x-Koordinate haben den gleichen Abstand von der y-Achse. Sie liegen daher auf einer Parallelen zur y-Achse.
**b)** Null
**c)** Null

**689** **1)** Schach Symmetrieachsen: 2 (Diagonalen), Backgammon: nicht symmetrisch, Mensch ärgere dich nicht: nicht symmetrisch, Halma: nicht symmetrisch, DKT: nicht symmetrisch
**2)** Ja. Backgammon: Symmetrieachsen (vertikal, waagrecht), Mensch ärgere dich nicht: 4 (Diagonalen, waagrecht, vertikal), Halma: 6 (Diagonalen, waagrecht, vertikal)

**690** 1)

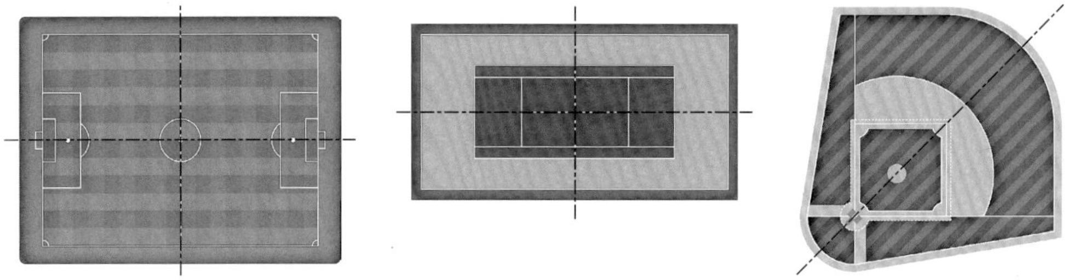

2) zB: Alle Spieler bzw. Mannschaften sollen die gleichen Gewinnchancen haben.

K **691** 1) Jede der Schneeflocken besitzt (geometrisch idealisiert) 6 Symmetrieachsen.
2) Beachte die Symmetrie!

K **692** 1) Es gibt 1, 3, 1, 2, 1 Symmetrieachse(n).
2) „Autobahn", „Radioaktivität", „Sackgasse", „Haltestelle", „Vorgeschriebene Fahrrichtung links".

**693** A, B, C, D, E, H, I, K, M, O, T, U, V, W, X, Y

**694** zB: ♣ ♠ ♥ ✂

K **695** Zeichne zB: ein Rechteck, ein Quadrat, einen Kreis…

K **696** Ein Kreis hat unendlich viele Symmetrieachsen.

**697** a) BEIDE b) ICH HEBE BEIDE HOCH.

K **698** 1) zB: Nein, das Labyrinth ist nicht symmetrisch, da der Eingang mit den ihn umgebenden Gängen (Wegteilen) nicht symmetrisch ist.
2) Es ist nur ein Weg möglich!

**699** a)

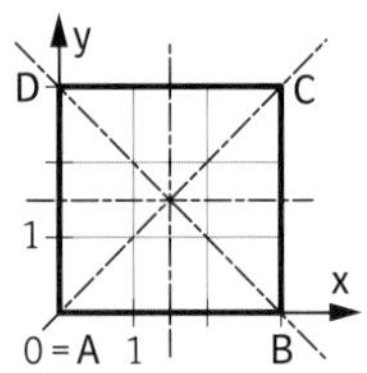


c)

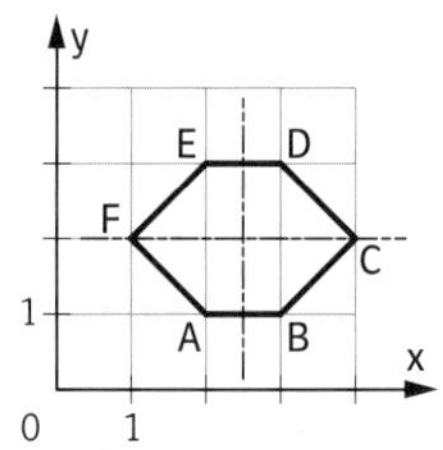


b)

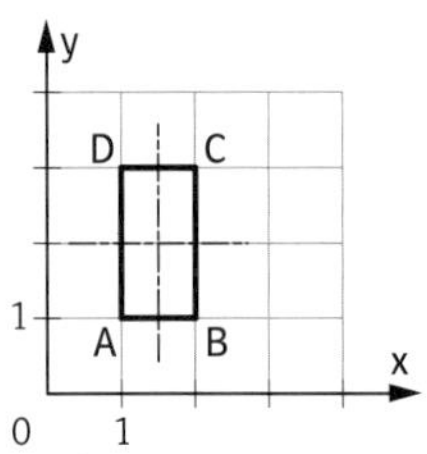


d)

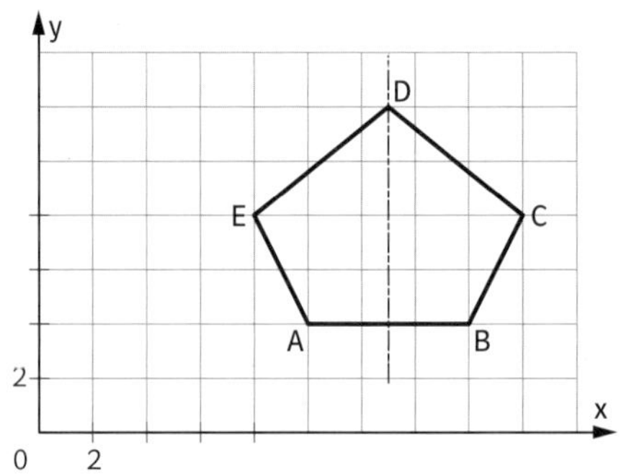

**700** a)
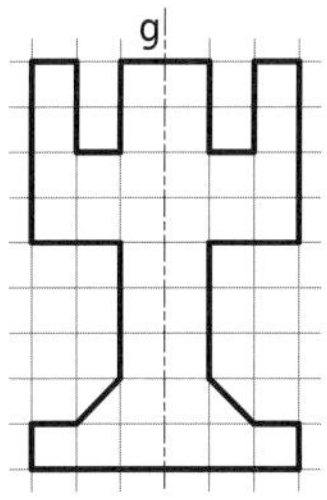

b)
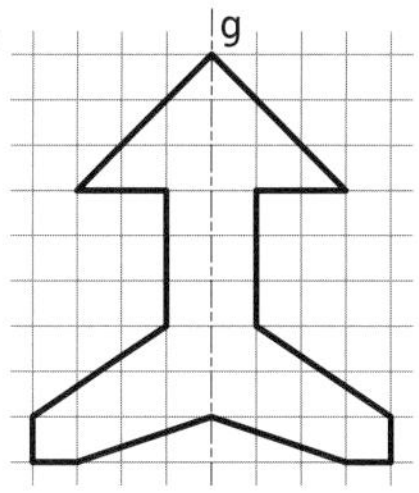

c)
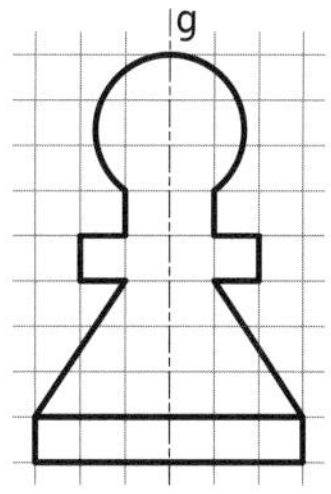


K **701** Koordinaten der gespiegelten Punkte:

a) $A_1 = (2|2)$, $B_1 = (6|10)$
b) $C_1 = (5|6)$, $D_1 = (0|4)$, $E_1 = (3|1) = E$
c) $F_1 = (14|3)$, $G_1 = (11|4)$, $H_1 = (10|1)$
d) $A_1 = (4|13)$, $B_1 = (8|14)$
e) $X_1 = (12|0)$, $Y_1 = (12|5)$, $Z_1 = (7|0)$
f) $V_1 = (2|7)$, $W_1 = (5|5)$

K **702** a) $A_1B_1$ [$A_1 = (7|7)$, $B_1 = (9|1)$]
b) $A_1B_1$ [$A_1 = (3|3)$, $B_1 = (1|1)$]

K **703** a) $A_1 = (8|1)$, $B_1 = (4|5) = B$, $C_1 = (6|8)$
b) $A_1 = (3|6)$, $B_1 = (7|10)$, $C_1 = (8|6)$

K **704** a) $A_1 = (3|9)$, $B_1 = (6|9)$, $C_1 = (6|6)$, $D_1 = (3|4)$
b) $A_1 = (1|3)$, $B_1 = (7|3)$, $C_1 = (7|0)$, $D_1 = (1|0)$
c) $A_1 = (5|5) = A$, $B_1 = (7|2)$, $C_1 = (4|0)$, $D_1 = (2|3)$

**705** 1) zB: Das linke Bild ist richtig, da $AA_1$ normal auf g steht. 2) $A_1 = (8{,}6|2{,}8)$, $B_1 = (7{,}4|6{,}2)$

K **706** a) $A_1 = (0|4)$, $B_1 = (0|7)$, $C_1 = (3|7)$
b) $A_1 = (8{,}2|7{,}9)$, $B_1 = (3{,}9|3{,}8)$, $C_1 = (1{,}8|5{,}9)$
c) $A_1 = (7{,}6|5{,}4)$, $B_1 = (4{,}7|7{,}6)$, $C_1 = (6{,}9|10{,}5)$

K **707** 1) zB: Schlage mit dem Zirkel vom Punkt P zweimal einen genügend großen Abstand r auf g ab, du erhältst 2 Punkte! Von diesen beiden Punkten schlage jeweils denselben Abstand r auf der anderen Seite der Geraden ab und schneide die beiden Bögen! Du erhältst als Schnittpunkt den gespiegelten Punkt $P_1$.
2) Verfahre wie in Aufgabe 1)!

**708** $A = (2|5)$, $B = (6|1)$, $C = (10|5)$, $D = (6|9)$

**709** a)

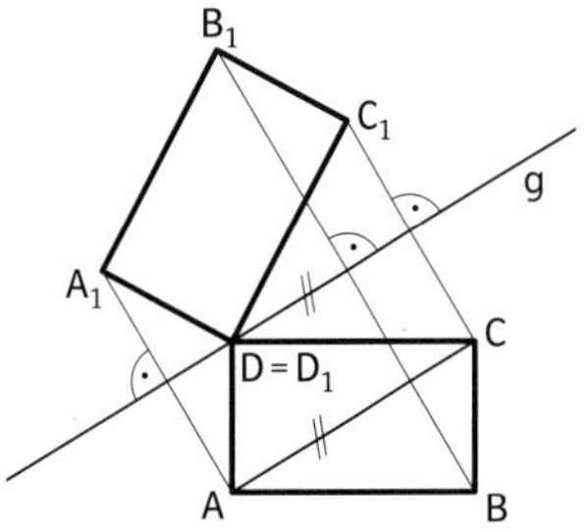


b)

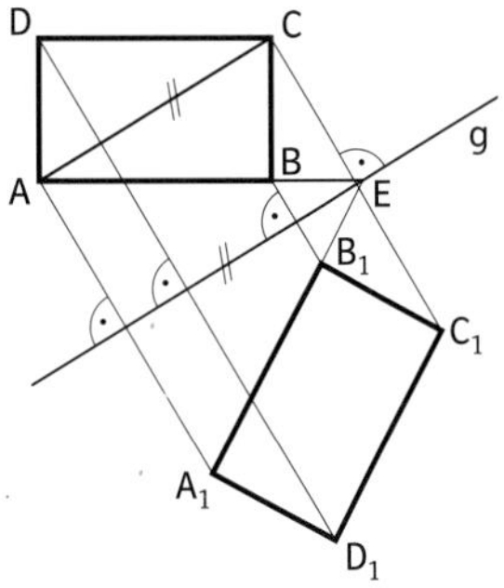


c)

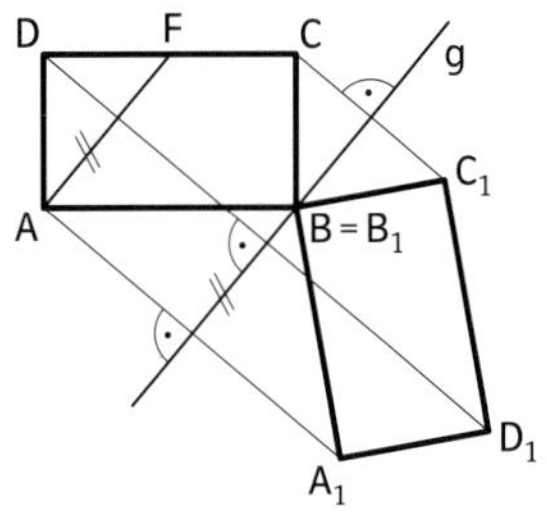


d)

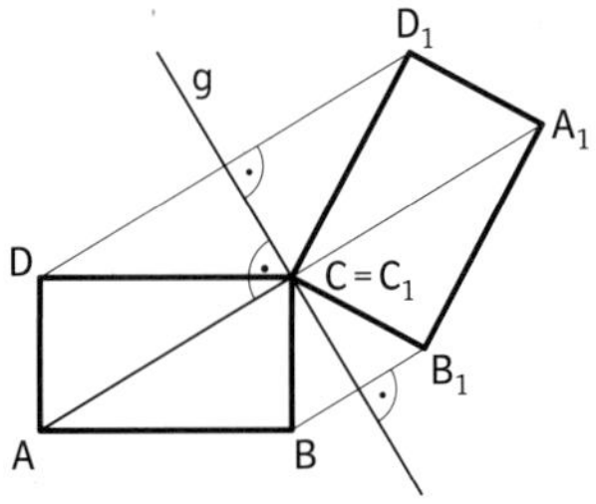


K **710** a) H = (3,5 | 4,5) b) H = (3 | 3,5) c) H = (4,5 | 2,9) d) H = (4,3 | 3,3) e) H = (7,5 | 3) f) H = (2 | 2)

K **711** Beachte die Konstruktionsanleitung im Buch, Seite 176!

K **712** Beachte die Konstruktionsanleitung im Buch, Seite 176!

K **713** Die Streckensymmetrale $s_{AB}$ von AB schneidet das Flussufer an der gewünschten Stelle.

K **714** Verbinde zwei „symmetrisch liegende“ Punkte durch eine Strecke!
Die Streckensymmetrale dieser Strecke ist die gesuchte Symmetrieachse.

K **715**
1) S = (3,3 | 2,6)
2) $\overline{AS} = \overline{BS} = \overline{CS} = 2{,}8\,cm$
3) Der Kreis verläuft auch durch die Punkte B und C, da $\overline{AS} = \overline{BS} = \overline{CS}$.

K **716**
1) Es ist eine Streckensymmetrale notwendig.
2) Es sind drei Streckensymmetralen notwendig.
3) Es sind sieben Streckensymmetralen notwendig.

K **717**
1) Es gilt: $\overline{MD} = \overline{ME}$ und $\overline{ME} = \overline{MF}$. Somit ist der Punkt M von den Punkten D, E, F gleich weit entfernt. M ist daher der Mittelpunkt des Kreises.
2) Diese Vermutung gilt für alle Punkte auf dem Kreis.

**718** zB: Da $\overline{DM} = \overline{EM} = \overline{FM}$ gilt, liegt der Mittelpunkt M sowohl auf $s_{DE}$ als auch auf $s_{EF}$. M muss daher der Schnittpunkt von $s_{DE}$ und $s_{EF}$ sein. Dies gilt für alle Punkte auf der Kreislinie.

K **719** 1) $\alpha = 93°$ 2) Zeichne genau!

**720** 1) $\alpha = 70°$

2) und 3)

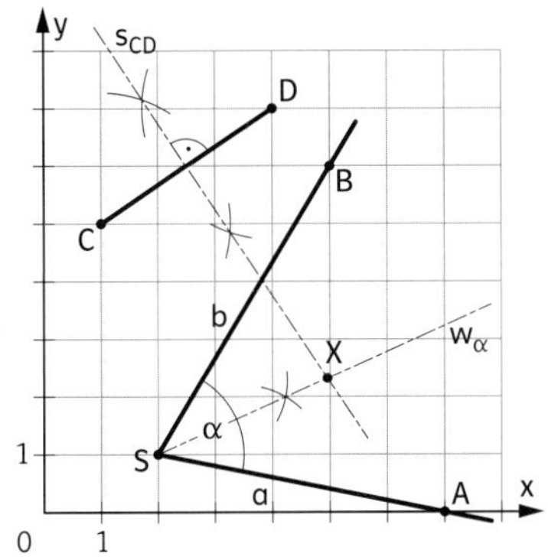


4) $X = (5|2{,}3)$

**721** e ist die Winkelsymmetrale.

K **722** a) 1) $\frac{1}{2}\cdot\alpha = 28{,}5°$ 2) $\frac{1}{4}\cdot\alpha \approx 14°$

b) 1) $\frac{1}{2}\cdot\alpha = 42{,}5°$ 2) $\frac{1}{4}\cdot\alpha \approx 21°$

c) 1) $\frac{1}{2}\cdot\alpha = 71{,}5°$ 2) $\frac{1}{4}\cdot\alpha \approx 36°$

d) 1) $\frac{1}{2}\cdot\alpha = 83{,}5°$ 2) $\frac{1}{4}\cdot\alpha \approx 42°$

e) 1) $\frac{1}{2}\cdot\alpha = 103{,}5°$ 2) $\frac{1}{4}\cdot\alpha \approx 52°$

f) 1) $\frac{1}{2}\cdot\alpha = 159{,}5°$ 2) $\frac{1}{4}\cdot\alpha \approx 80°$

K **723** Alle Rechtecke mit vier gleich langen Seiten (Quadrate, Rauten) erfüllen diese Bedingung.

K **724** 1) Vergleiche mit Buch Seite 178!

2) Miss genau!

3) $w_\varepsilon = \{X \mid \overline{Xg} = \overline{Xh}\}$, $w_\omega = \{X \mid \overline{Xg} = \overline{Xl}\}$
Der Schnittpunkt S der Winkelsymmetralen ist von den Geraden g, h und l gleich weit entfernt.

**725**

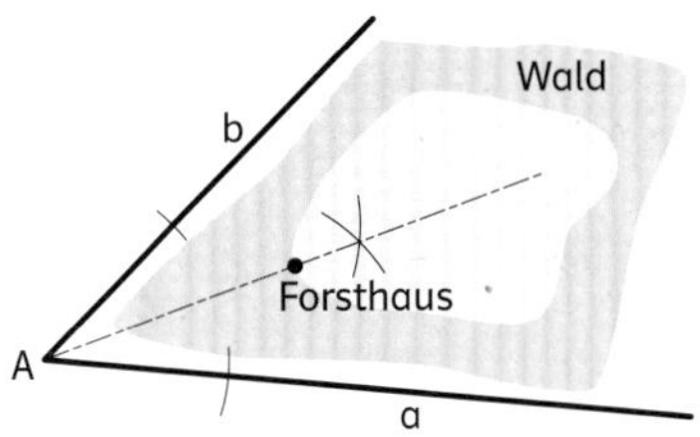


K **726** a) $90° = \frac{1}{2}\cdot 180°$

b) $45° = \frac{1}{2}\cdot 90°$

c) $22{,}5° = \frac{1}{4}\cdot 90°$

d) Beachte die Anleitung im Buch, Seite 180!

e) $30° = \frac{1}{2}\cdot 60°$

f) $15° = \frac{1}{4}\cdot 60°$

g) $150° = 90° + 60°$

h) $120° = 2\cdot 60°$

i) $135° = 90° + \frac{1}{2}\cdot 90°$

j) $105° = 90° + \frac{1}{4}\cdot 60°$

K **727** 1) a) $75° = \frac{1}{2}\cdot 90° + \frac{1}{2}\cdot 60°$

b) $225° = 180° + \frac{1}{2}\cdot 90°$

c) $210° = 180° + \frac{1}{2}\cdot 60°$

d) $45° = \frac{1}{2}\cdot 90°$

e) $165° = 180° - \frac{1}{4}\cdot 60°$

2) Verfahre wie in der Anleitung im Buch Seite 178!

K **728** Arbeite genau!

K **729** Verwende Farbstifte!

**730**

**731** **a)** 56° 40′ **b)** 165° 24′ **c)** 186° 16′ **d)** 209° 28′ **e)** 14° 34′ **f)** 43° 46′ **g)** 156° 56′ **h)** 95° 22′

**732** **a)** 59° 10′ **b)** 20° 35′ **c)** 346° 3′ **d)** 481° 36′ **e)** 2° 58′ **f)** 1313° 52′ **g)** 350° 15′ **h)** ≈ 38° 41′

**733** **D**

K **734** $\alpha = 72°$

K **735** **a)** F = (8,5 | 5) **b)** F = (4,5 | 5)

**736** **a)**

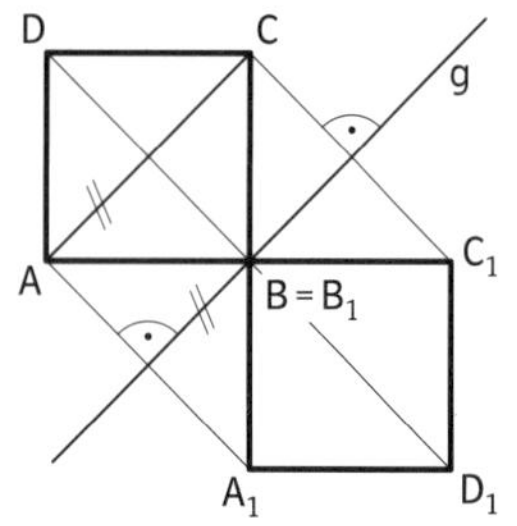


**b)**

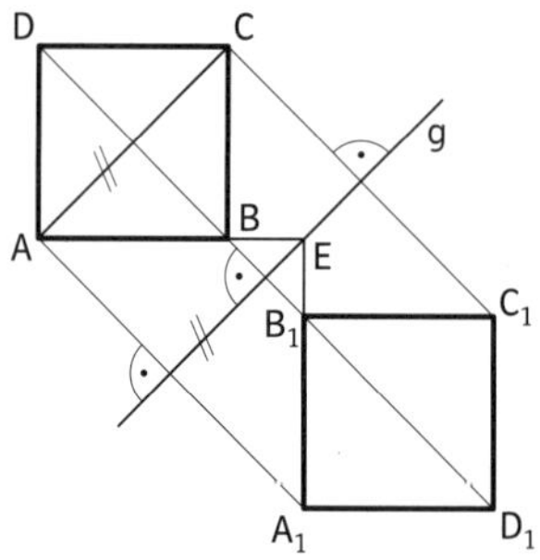


**c)**

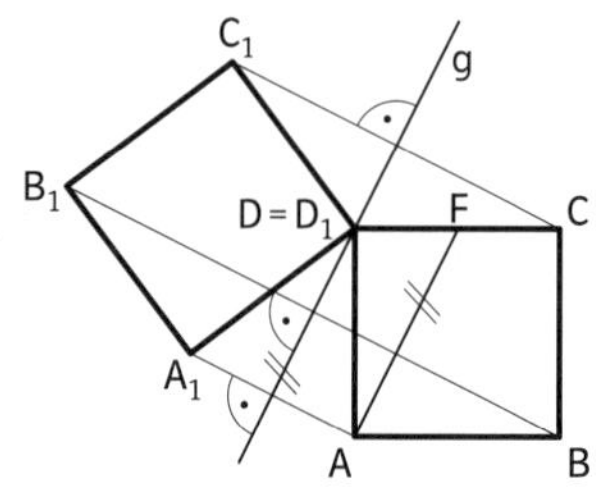


**737** **a)** 5400′ **b)** 19800′ **c)** 1335′ **d)** 1068′ **e)** 156′ **f)** 774′

**738** $\delta = 205°$

**739** **A, D**

**740** **a)** $30° = \frac{1}{2} \cdot 60°$ **b)** $15° = \frac{1}{4} \cdot 60°$ **c)** $75° = \frac{1}{2} \cdot 90° + \frac{1}{2} \cdot 60°$

K **741** **1)** $\alpha = 82°$
**2)** Die Winkelsymmetrale verläuft durch den Punkt (7 | 5).
**3)** Die Streckensymmetrale verläuft durch den Punkt (6,5 | 3).
**4)** X = (8,7 | 5,8)
**5)** Der Punkt X ist von den beiden Schenkeln a und b bzw. von den Punkten P und Q gleich weit entfernt.

K **742** **a)**

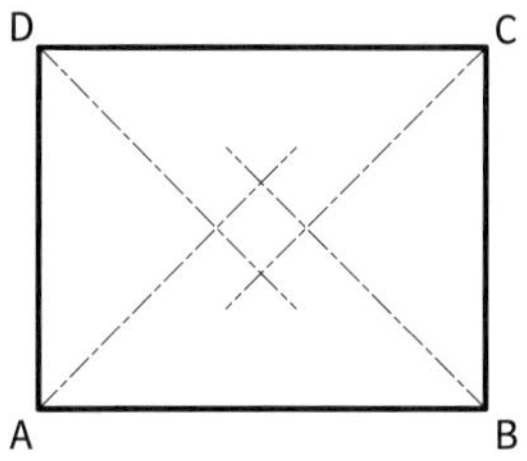


Die vier Winkelsymmetralen begrenzen ein Quadrat.

**b)**, **c)**, **d)**, **e)**, **f)** Vergleiche mit a)!

**743** $\alpha = 25° \; 35{,}5'$

**744** bis **747** siehe Buch Seite 283!

# H Dreiecke

**748** a)

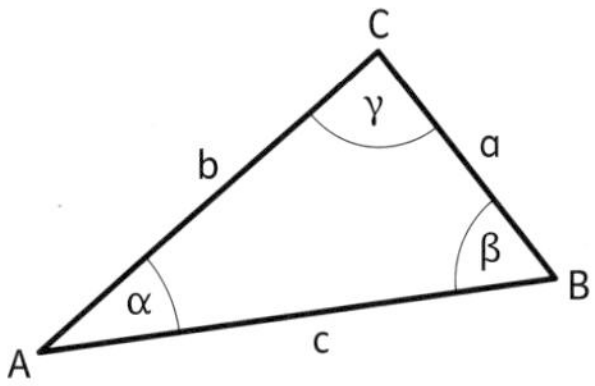


c)

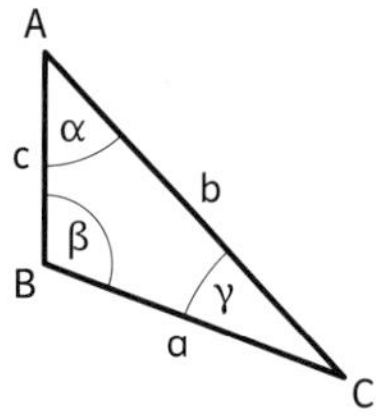


e)

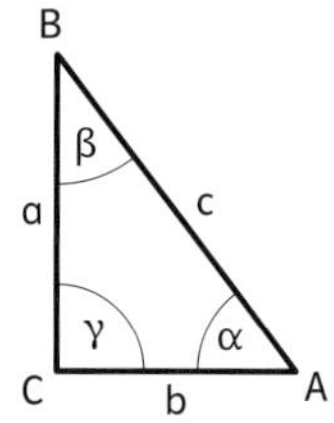


b)

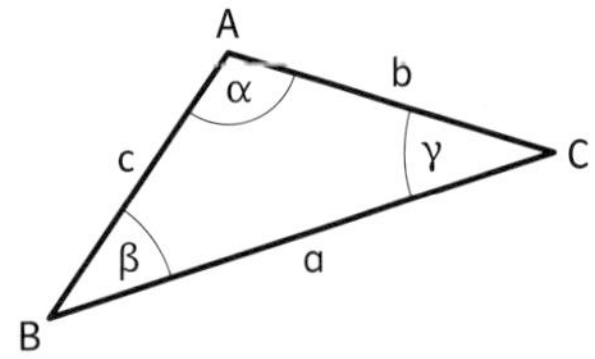


d)

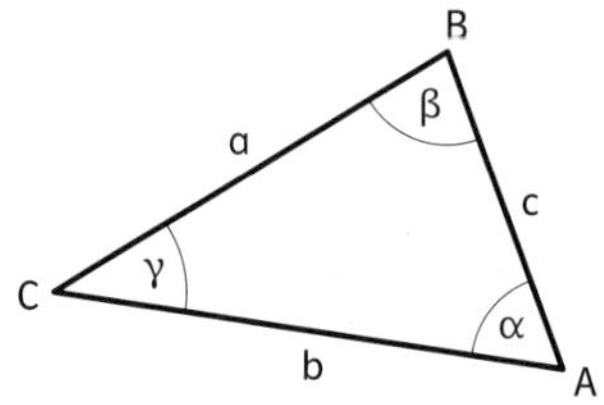


f)

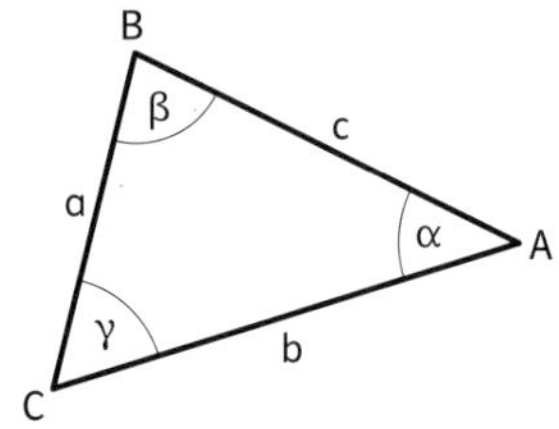


K **749** **a)** Ja, vergleiche mit der Lösung zu Aufgabe 748) b)! **b)** Nein

**750** spitzwinklig: **B**, **E**, **G** rechtwinklig: **A**, **F** gleichschenklig: **C**, **F**
stumpfwinklig: **C**, **D** gleichseitig: **E** allgemein: **B**, **D**, **G**

**751** **E**

**752** **D**, **E**

K **753** Beachte den Tipp im Buch!

K **754** Beachte die Zeichnung im Buch!

**755** **1)** 1,8 bzw. 5,1 **2)** $1{,}8 < a < 5{,}1\,\text{cm}$

**756** **D**

**757** zB: **1)** Ein stumpfer Winkel hat mehr als 90 Grad. Zwei stumpfe Winkel haben demnach mehr als 180 Grad.
**2)** Ein rechter Winkel hat 90 Grad. Zwei rechte Winkel haben also 180 Grad.
**3)** Da die Winkelsumme im Dreieck 180 Grad ist, müssen drei gleich große Winkel 60 Grad haben.

**758** **C**, **E**

**759** zB:

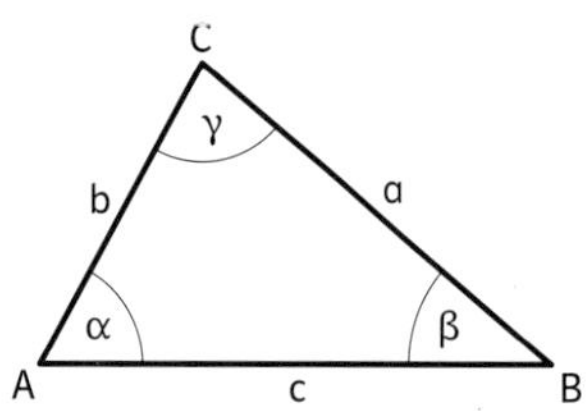


$\alpha = 61°$, $\beta = 40°$, $\gamma = 79°$
Wegen der Ungenauigkeiten beim Messen kann die Winkelsumme geringfügig von 180° abweichen.

**760** a) $\gamma = 60°$ b) $\alpha = 36°$ c) $\beta = 28\frac{1}{4}°$

**761** a) $\beta = 26°$ b) $\alpha = 41°$ c) $\beta = 56°$ d) $\alpha = 15\frac{1}{2}°$ e) $\beta = 44\frac{3}{4}°$

**762** Alle Außenwinkel eines Dreiecks ergeben zusammen 360°.

**763** Schnittwinkel $\gamma = 3°$

**764** zB: Für jedes Dreieck gilt: $\alpha + \beta + \gamma = 180°$.
Im rechtwinkligen Dreieck gilt zB $\gamma = 90°$. $\Big\} \Rightarrow \alpha + \beta = 90°$

K **765** a) $\alpha = 47°, \beta = 69°, \gamma = 64°, \gamma_1 = 116°$ b) $\alpha = 128°, \beta = 33°, \gamma = 19°, \beta_1 = 147°$

**766** a) $\varepsilon = 21°$ b) $\varepsilon = 79°$

K **767** 1) zB: $\beta$ und $\beta'$ bzw. $\gamma$ und $\gamma'$ sind gleich große Parallelwinkel.
Es gilt: $\alpha_1 = \beta' + \gamma' \Rightarrow \alpha_1 = \beta + \gamma$.
2) Vergleiche mit 1)!

**768** zB: $\beta$ und $\beta'$ bzw. $\gamma$ und $\gamma'$ sind gleich große Parallelwinkel.
Es gilt: $\alpha + \beta' + \gamma' = 180° \Rightarrow \alpha + \beta + \gamma = 180°$.

**769** Es gilt: $\alpha + \alpha_1 = 180°, \beta + \beta_1 = 180°, \gamma + \gamma_1 = 180°$
$(\alpha + \beta + \gamma) + (\alpha_1 + \beta_1 + \gamma_1) = 540°$; da $\alpha + \beta + \gamma = 180°$ folgt $\alpha_1 + \beta_1 + \gamma_1 = 360°$

K **770** In jedem der drei Dreiecke gilt: $\alpha = 83°, \beta = 44°$. Alle drei Dreiecke sind kongruent.

K **771** a) $\alpha = 61°, \beta = 34°$ b) $\beta = 79°, \gamma = 64°$ c) $\alpha = \beta = \gamma = 60°$ d) $\alpha = \beta = 72°, \gamma = 36°$

**772** B, C

K **773** Die Seite c muss mindestens 63 mm lang sein.

K **774** 190 km ≙ 38 mm, 360 km ≙ 72 mm, 370 km ≙ 74 mm Der „Winkel bei Bregenz" beträgt 30°.

K **775** 1) Kurt muss sich geirrt haben, da 123 km + 160 km < 325 km.
2) Wähle zB: den Maßstab 1 : 2 500 000!
München – Zürich: 240 km ≙ 9,6 cm, Zürich – Innsbruck: 215 km ≙ 8,6 cm, München – Innsbruck: 95 km ≙ 3,8 cm
Der „Winkel bei Zürich" beträgt 23°.

K **776** a) a ≙ 7 cm, b ≙ 6 cm, c ≙ 9 cm; $\alpha = 51°$; u = 440 m b) a ≙ 66 mm, b ≙ 102 mm, c ≙ 59 mm; $\alpha = 37°$; u = 454 m

**777** B, D, da die Dreiecksgleichungen nicht erfüllt sind.

**778** **1)** Dreieck 2 ist nicht möglich, da die Winkelsumme größer als 180° ist.
**2)** zB:

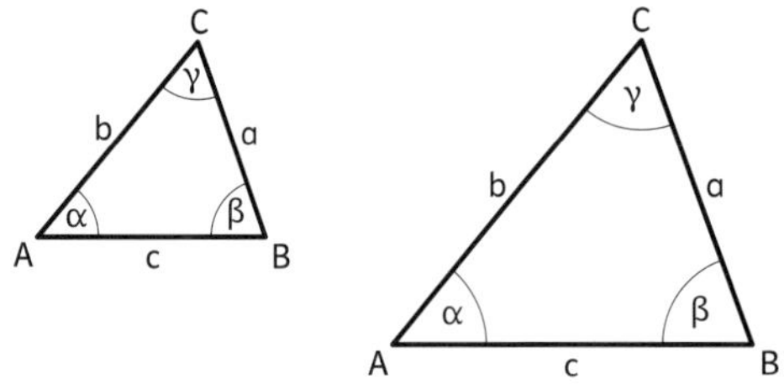


K **779** Vergleiche mit Buch Seite 195!
**a)** $a = 39\,mm$ **b)** $b = 44\,mm$ **c)** $c = 51\,mm$ **d)** $a = b = 91\,mm$

K **780** Beachte die Anleitung!
**a)** $b = 58\,mm$ **b)** $c = 78\,mm$ **c)** $b = 91\,mm$ **d)** $b = 43\,mm$

K **781** Vergleiche mit Buch Seite 195!
**a)** $\overline{PQ} = 55\,m \triangleq 11\,cm$; $\overline{PR} = 8{,}1\,cm \triangleq 40{,}5\,m$, $\overline{QR} = 5{,}7\,cm \triangleq 28{,}5\,m$; $u = 124\,m$
**b)** $\overline{PR} = 20\,m \triangleq 4\,cm$; $\overline{PQ} = 9{,}0\,cm \triangleq 45\,m$, $\overline{QR} = 11{,}0\,cm \triangleq 55\,m$; $u = 120\,m$

K **782** zB: Die beiden Dreiecke haben c und α gemeinsam und es gilt: $a = a_1 = 30\,mm$.

K **783** Vergleiche mit Buch Seite 196 oben!
**a)** $c = 55\,mm$ **b)** $a = 39\,mm$ **c)** $b = 53\,mm$ **d)** $c = 86\,mm$

K **784** Vergleiche mit Buch Seite 196 unten!
**a)** $c = 53\,mm$ **b)** $\alpha = 49°$ **c)** $c = 81\,mm$ **d)** $\beta = 43°$

K **785** Vergleiche mit Buch Seite 197 oben!
**a)** $c = 18\,mm$ bzw. $c_1 = 64\,mm$
**b)** $c = 55\,mm$ bzw. $c_1 = 99\,mm$
**c)** $b = 31\,mm$ bzw. $b_1 = 68\,mm$
**d)** $a = 43\,mm$ bzw. $a_1 = 78\,mm$

K **786** **a)** **1)** **E** **2)** $\gamma = 55°$; $\gamma_1 = 125°$
**b)** **1)** **D** **2)** $b = 82\,mm$
**c)** **1)** **C** **2)** $\beta = 20°$
**d)** **1)** **E** **2)** $\gamma = 55°$, $\gamma_1 = 13°$
**e)** **1)** **F**
**f)** **1)** **B** **2)** $a = 2\,cm$

K **787** Vergleiche mit Buch Seite 195 oben!
**a)** $\overline{AB} = 164\,m \triangleq 82\,mm$; $\overline{AP} = 81\,mm \triangleq 162\,m$, $\overline{BP} = 95\,mm \triangleq 190\,m$
BP ist um 28 m länger als AP.
**b)** $\overline{AB} = 152\,m \triangleq 76\,mm$; $\overline{AP} = 57\,mm \triangleq 114\,m$, $\overline{BP} = 71\,mm \triangleq 142\,m$
BP ist um 28 m länger als AP.

K **788** Vergleiche mit Buch Seite 196 oben!
$a = 134\,m \triangleq 67\,mm$, $c = 218\,m \triangleq 109\,mm$, $b = 69\,mm \triangleq 138\,m$

K **789** **a)** Vergleiche mit Buch Seite 196 oben!
$\overline{BC} = 144\,m \triangleq 72\,mm$, $\overline{AC} = 190\,m \triangleq 95\,mm$, $\overline{AB} = 110\,mm \triangleq 220\,m$
**b)** **1)** zB: Abweichung 2 m
**2)** $\gamma = 80° \Rightarrow \overline{AB} = 109\,mm \triangleq 218\,m \Rightarrow$ Abweichung 2 m
$\gamma = 82° \Rightarrow \overline{AB} = 111\,mm \triangleq 222\,m \Rightarrow$ Abweichung 2 m

K **790** a) $\overline{AB} = 450\,m \mathrel{\hat{=}} 90\,mm$; $\overline{PQ} = 51\,mm \mathrel{\hat{=}} 255\,m$
b) $\overline{AB} = 550\,m \mathrel{\hat{=}} 110\,mm$; $\overline{PQ} = 101\,mm \mathrel{\hat{=}} 505\,m$

K **791** $\overline{PQ} = 41\,m \mathrel{\hat{=}} 8{,}2\,cm$, $\overline{PR} = 26\,m \mathrel{\hat{=}} 5{,}2\,mm$, $\overline{RQ} = 8{,}5\,cm \mathrel{\hat{=}} 42{,}5\,m$

K **792** 1) Vergleicht mit Buch Seite 199!
Beim spitzwinkligen Dreieck liegt der Umkreismittelpunkt U innerhalb und beim stumpfwinkligen außerhalb des Dreiecks.
2) Beim rechtwinkligen Dreieck ist der Umkreismittelpunkt U der Halbierungspunkt der längsten Seite.

K **793** Vergleiche mit Buch Seite 199!
a) $r = 5{,}8\,cm$ b) $r = 6{,}9\,cm$ c) $r = 7{,}1\,cm$ d) $r = 3{,}9\,cm$

K **794** 1) $\overline{PQ} = 9\,km = 90\,mm$, $\overline{QR} = 7\,km = 70\,mm$
2) Der gesuchte Punkt L ist der Umkreismittelpunkt des Dreiecks PQR.
3) $r = 51\,mm \mathrel{\hat{=}} 5{,}1\,km$

K **795** 1) $a = 150\,m \mathrel{\hat{=}} 75\,mm$, $b = 96\,m \mathrel{\hat{=}} 48\,mm$
2) $c = 80\,mm \mathrel{\hat{=}} 160\,m$, $u = 406\,m$
3) Der gesuchte Punkt ist der Umkreismittelpunkt, $r = 41\,mm \mathrel{\hat{=}} 82\,m$.

K **796** a) 2) $U = (2{,}8 \mid 3{,}6)$ 3) $r = 4{,}6\,cm$
b) 2) $U = (4{,}1 \mid 4{,}5)$ 3) $r = 3{,}9\,cm$
c) 2) $U = (3{,}3 \mid 4{,}9)$ 3) $r = 3{,}9\,cm$
d) 2) $U = (3{,}9 \mid 9{,}1)$ 3) $r = 6{,}4\,cm$

**797** 1) zB:

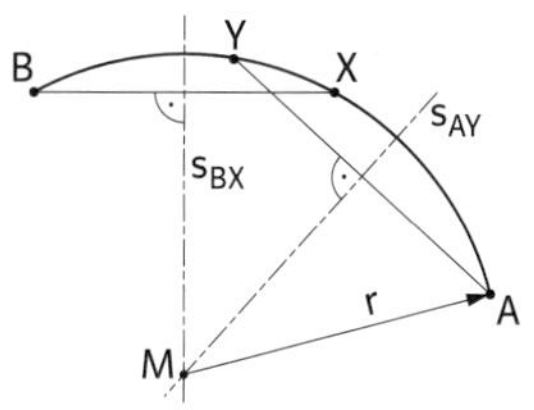


2) zB: Wähle zwei beliebige Sekanten am verbliebenen Kreisbogen und zeichne die Streckensymmetralen ein. Der Schnittpunkt der Streckensymmetralen ist der Kreismittelpunkt. Die Dreiecke AYB bzw. AXB haben M als Umkreismittelpunkt.

K **798** Vergleiche mit Buch Seite 201!

K **799** Vergleiche mit Buch Seite 201!
a) $\rho = 19\,mm$ b) $\rho = 22\,mm$ c) $\rho = 16\,mm$ d) $\rho = 20\,mm$

K **800** Vergleiche mit Buch Seite 201!
a) $\overline{PQ} = \overline{PR} = 6{,}7\,m \mathrel{\hat{=}} 67\,mm$, $\overline{QR} = 10{,}3\,m \mathrel{\hat{=}} 103\,mm$.
Die gesuchte Stelle ist der Inkreismittelpunkt, $\rho = 19\,mm \mathrel{\hat{=}} 1{,}9\,m$.
b) $\overline{PQ} = \overline{QR} = 22{,}80\,m \mathrel{\hat{=}} 11{,}4\,cm$, $\overline{PR} = 14{,}60\,m \mathrel{\hat{=}} 7{,}3\,cm$.
Die gesuchte Stelle ist der Inkreismittelpunkt, $\rho = 2{,}6\,cm \mathrel{\hat{=}} 5{,}2\,m$.

K **801** Vergleiche mit Buch Seite 201!

**a)** $\overline{PQ} = 84\,m \triangleq 84\,mm$, $\overline{QR} = 96\,m \triangleq 96\,mm$, $\overline{RP} = 120\,m \triangleq 120\,mm$.
Die gesuchte Stelle ist der Inkreismittelpunkt, $\rho = 27\,mm \triangleq 27\,m$.

**b)** $\overline{PQ} = 280\,m \triangleq 140\,mm$, $\overline{QR} = 160\,m \triangleq 80\,mm$, $\overline{RP} = 240\,m \triangleq 120\,mm$.
Die gesuchte Stelle ist der Inkreismittelpunkt, $\rho = 28\,mm \triangleq 56\,m$.

K **802** Vergleiche mit Buch Seite 201!

**a)** $\overline{AB} = 12{,}4\,m \triangleq 12{,}4\,cm$, $\overline{AC} = \overline{BC} = 9{,}6\,m \triangleq 9{,}6\,cm$.
Die gesuchte Stelle ist der Inkreismittelpunkt, $\rho = 2{,}9\,cm \triangleq 2{,}9\,m$.

**b)** $\overline{AB} = 6{,}45\,m \triangleq 12{,}9\,cm$, $\overline{AC} = \overline{BC} = 4{,}10\,m \triangleq 8{,}2\,cm$.
Die gesuchte Stelle ist der Inkreismittelpunkt, $\rho = 2{,}2\,cm \triangleq 1{,}1\,m$.

K **803** **1)** Vergleiche mit Buch Seite 201!

**a)** **2)** $I = (3{,}3 \mid 3{,}6)$ **3)** $\rho = 2{,}0\,cm$ **c)** **2)** $I = (5 \mid 1{,}9)$ **3)** $\rho = 1{,}7\,cm$

**b)** **2)** $I = (4 \mid 6{,}3)$ **3)** $\rho = 1{,}7\,cm$ **d)** **2)** $I = (4{,}5 \mid 4{,}3)$ **3)** $\rho = 2{,}3\,cm$

K **804** **1)** Arbeite genau!

**a)** **2)** $I = (4{,}6 \mid 4)$ **3)** $U = (6 \mid 4)$

**b)** **2)** $I = (3{,}8 \mid 5{,}2)$ **3)** $U = (5{,}8 \mid 2)$

**805** Konstruiere den Inkreis!

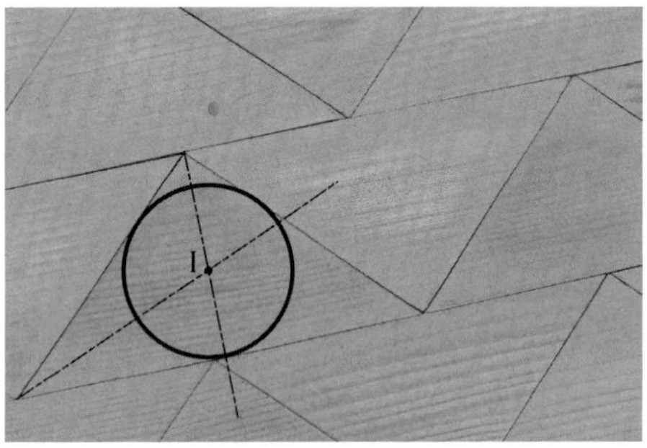


K **806** Vergleiche mit Buch Seite 203!

**a)** $a = 71\,m \triangleq 71\,mm$, $b = 45\,m \triangleq 45\,mm$, $c = 65\,m \triangleq 65\,mm$, $\overline{SC} = 33\,mm \triangleq 33\,m$

**b)** $b = 83\,m \triangleq 83\,mm$, $c = 68\,m \triangleq 68\,mm$, $\overline{SA} = 49\,mm \triangleq 49\,m$

**c)** $a = 90\,m \triangleq 90\,mm$, $\overline{SB} = 46\,mm \triangleq 46\,m$

**d)** $a = 47\,m \triangleq 47\,mm$, $b = 58\,m \triangleq 58\,mm$, $\overline{SA} = 36\,mm \triangleq 36\,m$

K **807** Vergleiche mit Buch Seite 203!

**a)** $S = (5 \mid 3)$

**b)** $S = (4 \mid 2{,}7)$

**c)** $S = (4{,}7 \mid 2{,}7)$

**d)** $S = (2{,}7 \mid 6)$

**e)** $S = (4{,}3 \mid 2{,}7)$

**f)** $S = (4 \mid 3{,}3)$

K **808** Vergleiche mit Buch Seite 204!

**a)** $h_a = 68\,mm$ **b)** $h_a = 65\,mm$ **c)** $h_b = 62\,mm$ **d)** $h_b = 57\,mm$

K **809** Vergleiche mit Buch Seite 204!
a) $h_a = 67\,mm$, $h_b = 80\,mm$, $h_c = 75\,mm$
b) $h_a = 46\,mm$, $h_b = 87\,mm$, $h_c = 67\,mm$
c) $h_a = 43\,mm$, $h_b = 70\,mm$, $h_c = 42\,mm$
d) $h_a = 43\,mm$, $h_b = 24\,mm$, $h_c = 46\,mm$

K **810** a) $a = 120\,m \triangleq 12\,cm$, $b = 90\,m \triangleq 9\,cm$, $c = 130\,m \triangleq 13\,cm$
Die gesuchten Entfernungen entsprechen den Längen der 3 Höhen:
$h_a = 8{,}7\,cm \triangleq 87\,m$, $h_b = 11{,}6\,cm \triangleq 116\,m$, $h_c = 8{,}0\,cm \triangleq 80\,m$
b) $c = 206\,m \triangleq 103\,mm$
Die gesuchten Entfernungen entsprechen den Längen der 3 Höhen:
$h_a = 72\,mm \triangleq 144\,m$, $h_b = 98\,mm \triangleq 196\,m$, $h_c = 76\,mm \triangleq 152\,m$

K **811** Vergleiche mit Buch Seite 204!
a) $H = (5{,}9 \mid 2{,}6)$ b) $H = (5{,}1 \mid 5{,}1)$ c) $H = (2 \mid 7{,}3)$

K **812** 1) zB: Die Parallele im Abstand $h_c$ wird beim Abtragen der Seitenlänge 2-mal geschnitten.
2) a) $u = 29\,cm$; $h_a = 9\,cm$, $h_b = 8\,cm$
$u_1 = 38{,}3\,cm$; $h_{a_1} = 9\,cm$, $h_{b_1} = 3{,}9\,cm$
b) $u = 250\,mm$; $h_a = 56\,mm$, $h_b = 91\,mm$
$u_1 = 295\,mm$; $h_{a_1} = 37\,mm$, $h_{b_1} = 91\,mm$

K **813** 1) Wähle zB: $a = 6\,cm$, $b = 7\,cm$, $c = 8\,cm$
2) Das Umdreieck entsteht indem man jede Seite durch den gegenüberliegenden Eckpunkt parallel verschiebt.
3) …doppelt…
4) Der Umkreismittelpunkt des Umdreiecks ist der Höhenschnittpunkt des Dreiecks.

K **814** Vergleiche mit Buch Seite 206!
$h_c = 54\,mm$, $s_C = 67\,mm$, $w_\gamma = 59\,mm$

K **815** Vergleiche mit Buch Seite 206!
a) $\overline{US} = 11\,mm$, $\overline{SH} = 22\,mm$
b) $\overline{US} = 24\,mm$, $\overline{UH} = 72\,mm$
c) $\overline{HS} = 22\,mm$, $\overline{SU} = 11\,mm$
d) $\overline{HS} = 38\,mm$, $\overline{HU} = 57\,mm$

K **816** a) $\overline{US} = 12\,mm$, $\overline{UI} = 19\,mm$, $\overline{IH} = 18\,mm$
b) $\overline{UI} = 43\,mm$, $\overline{SH} = 74\,mm$, $\overline{HI} = 68\,mm$
c) $\overline{IU} = 44\,mm$, $\overline{HS} = 70\,mm$, $\overline{IS} = 12\,mm$
d) $H = C$, $\overline{HI} = 34\,mm$, $\overline{SU} = 21\,mm$

K **817** a) $H = (4{,}8 \mid 3{,}2)$, $S = (4{,}3 \mid 4)$, $U = (4{,}1 \mid 4{,}4)$, $I = (4{,}4 \mid 3{,}8)$
b) $H = (7{,}7 \mid 2{,}7)$, $S = (4{,}3 \mid 3{,}7)$, $U = (2{,}7 \mid 4{,}2)$, $I = (4{,}8 \mid 3{,}8)$
c) $H = (0 \mid 12)$, $S = (3{,}7 \mid 4{,}7)$, $U = (5{,}5 \mid 1)$, $I = (3{,}5 \mid 4{,}9)$

**818** Die Punkte L, M, P kommen auf jeden Fall nicht in Frage, da sie nicht im Dreieck liegen.
K ist von allen drei Seiten gleich weit entfernt und daher der Inkreismittelpunkt!

K **819** a) $\alpha = 66°$ b) $\beta = 32°$ c) $a = b = 59\,mm$ d) $a = c = 62\,mm$

K **820** **a)** H = (5 | 1,3), I = (5 | 2), U = (5 | 2,9), S = (5 | 2,3)
**b)** H = (4 | 9,3), I = (4 | 5,3), U = (4 | 2,8), S = (4 | 5)
**c)** H = (5,3 | 4), I = (5,3 | 4), U = (5,4 | 4), S = (5,3 | 4)
**d)** H = (0,8 | 5), I = (5,2 | 5), U = (8,1 | 5), S = (5,7 | 5)

K **821** **a)** $\beta = 64°$, b = 72 cm, $\overline{CU} = 40$ mm, $\overline{CS} = 43$ mm, $\overline{CI} = 45$ mm, $\overline{CH} = 49$ mm
**b)** c = 69 mm, $\gamma = 104°$, $\overline{CU} = 36$ mm, $\overline{CS} = 18$ mm, $\overline{CI} = 15$ mm, $\overline{CH} = 72$ mm
**c)** c = 72 mm, $\alpha = 40°$, $\overline{CU} = 38$ mm, $\overline{CS} = 20$ mm, $\overline{CI} = 17$ mm, $\overline{CH} = 73$ mm
**d)** a = 57 mm, $\gamma = 48°$, $\overline{CU} = 31$ mm, $\overline{CS} = 34$ mm, $\overline{CI} = 38$ mm, $\overline{CH} = 41$ mm

**822** Der Firstwinkel beträgt **a)** 112°, **b)** 30°, **c)** 90°.

K **823** **1)** $h_c = 8$ cm, U = (5 | 4), I = (4,5 | 4), S = (4,7 | 4), H = (4 | 4)
**2)** zB: Alle merkwürdigen Punkte liegen auf der Symmetrieachse des Dreiecks und diese ist parallel zur x-Achse und hat den Abstand 4 cm.

**824** **a)** **B, C**
**b)** **E**

**825** **a)** a = 60 m ≙ 60 mm, c = 56 m ≙ 56 mm; b = 60 mm ≙ 60 m, u = 176 m
**b)** b = 560 m ≙ 56 mm, a = 56 mm ≙ 560 m; c = 63 mm ≙ 630 m, u = 1 750 m
**c)** c = 200 m ≙ 100 mm, a = 75 mm ≙ 150 m; b = 75 mm ≙ 150 m, u = 500 m
**d)** c = 75 m ≙ 150 mm, a = 95 mm ≙ 47,5 m; b = 95 mm ≙ 47,5 m, u = 170 m

K **826** Vergleiche mit Buch Seite 209!

K **827** **a)** C = (3,1 | 7,7) **b)** A = (2 | 7,3) **c)** A = (0,3 | 2,1) **d)** A = (4 | 6,2) **e)** B = (8,3 | 1,3) **f)** B = (4,3 | 2,5)

K **828** Beachte, dass die beiden Katheten zueinander normal stehen!
Da ein Winkel (90°) gegeben ist, braucht man nur mehr zwei weitere Angaben.
zB: a und b, c und $\alpha$, …

**829** **a)** 22° **b)** 9,5° **c)** 45° **d)** 0° **e)** (90 − x)°

**830**

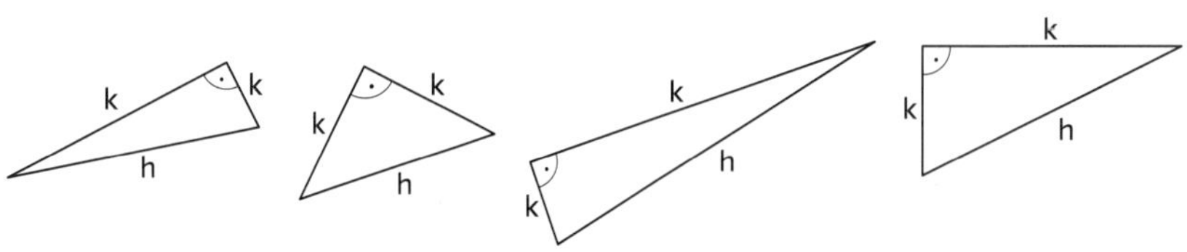


**831** **a)** Katheten: y, z; Hypotenuse: x **b)** Katheten: m, l; Hypotenuse: k **c)** Katheten: q, r; Hypotenuse: p

K **832** $\overline{BC} = 118$ m ≙ 118 mm, $\overline{AC} = 89$ mm ≙ 89 m

K **833** Wähle zB den Maßstab 1 : 10 000: $\overline{AB} = 730$ m ≙ 73 mm, $\overline{AA_1} = \overline{CC_1} = 20$ m ≙ 2 mm, $\overline{A_1C_1} = 59$ mm = 590 m.

K **834** **1)** bis **3)** $\overline{AB} = 12$ m ≙ 60 mm, 1,50 m ≙ 7,5 mm, h = 58 mm ≙ 11,6 m

K **835** 30 m ≙ 60 mm, 1,5 m ≙ 3 mm, h = 85 mm ≙ 42,5 m

K **836** a) $a = 6\,cm$, $H = C$, $\overline{CS} = 3{,}3\,cm$, $\overline{UA} = 5\,cm$, $\overline{IA} = 4{,}5\,cm$
b) $c = 130\,mm$, $H = C$, $\overline{BS} = 82\,mm$, $\overline{UB} = 65\,mm$, $\overline{IA} = 36\,mm$
c) $b = 11{,}8\,cm$, $c = 13{,}6\,cm$, $H = C$, $\overline{BS} = 6{,}0\,cm$, $\overline{UC} = 6{,}8\,cm$, $\overline{IA} = 9{,}6\,cm$

K **837** a) $a = 31\,mm$, $H = C$, $\overline{AU} = \overline{BU}$, $\overline{CS} = 18\,mm$, $\overline{CI} = 15\,mm$
b) $b = 6{,}1\,cm$, $H = C$, $\overline{AU} = \overline{BU}$, $\overline{CS} = 2{,}3\,cm$, $\overline{CI} = 1{,}8\,cm$
c) $a = 7{,}8\,cm$, $H = C$, $\overline{AU} = \overline{BU}$, $\overline{CS} = 2{,}8\,cm$, $\overline{CI} = 1{,}6\,cm$

K **838** 1) Vergleiche mit Buch Seite 212!
a) $b = 37\,mm$, $H = C$
b) $b = 30\,mm$, $\overline{SB} = 49\,mm$
c) $c = 70\,mm$, $\overline{UA} = \overline{UB} = 35\,mm$
d) $c = 90\,mm$, $\overline{IB} = 59\,mm$
2) Der Höhenschnittpunkt H stimmt mit dem Eckpunkt C überein.
Der Umkreismittelpunkt U ist der Halbierungspunkt der Seite c.

**839** Verwende zB das Internet!

**840** Die Endpunkte eines Durchmessers eines Kreises und ein beliebiger weiterer Punkt auf der Kreislinie bilden immer ein rechtwinkliges Dreieck.

K **841** a) $A = 7\,cm^2$ b) $A \approx 1370\,mm^2$ (1373,5) c) $A = 770\,mm^2$

K **842** a) $a = 6{,}6\,cm$, $A \approx 11{,}6\,cm^2$ (11,55)
b) $a = 44\,mm$, $b = 51\,mm$, $A \approx 1120\,mm^2$ (1122)
c) $b = 88\,mm$, $A \approx 1400\,mm^2$ (1408)

K **843** 1) $A \approx 995\,m^2$ (994,5) 2) $51\,m \triangleq 5{,}1\,cm$, $39\,m \triangleq 3{,}9\,cm$; $u = 154\,m$

**844** a) $A \approx 3340\,m^2$ (3336) b) $\frac{7}{8}$ der Rechtecksfläche bleibt über.

**845** zB: $a = 2\,m$, $b = 50\,m$; $a = 4\,m$, $b = 25\,m$; $a = 100\,m$, $b = 1\,m$;…

**846** 1) $b = 10{,}4\,cm$ 2) 12,3 cm

**847** 1) $A = \frac{a \cdot c}{2}$ 2) $A = 10\,cm^2$ 3) a, c, β

**848** zB: a) $b = (2 \cdot A) : a$ b) $a = (2 \cdot A) : b$

**849** a) $b = 6\,m$ b) $a = 12\,cm$ c) $b = 8\,mm$

**850** Die andere Rechteckseite ist 32 m lang.

**851** 1) $A = 9{,}66\,m^2$ 2) Man benötigt mindestens 215 Platten (214,6…).

**852** a) $A = 19{,}6\,m^2$ b) $A = 44{,}52\,m^2$ c) $A \approx 34\,m^2$ (34,04)

K **853** a) SsW-Satz; $\beta = 40°$
b) WSW-Satz; $a = 3\,cm$
c) SSS-Satz; $\beta = 117°$
d) kein Dreieck, da $a + b < c$ ist
e) SWS-Satz; $c = 52\,mm$
f) SsW-Satz; $\alpha = 29°$
g) sSW; $\gamma = 62°$; $\gamma_1 = 118°$

K **854** 1) A, D, E 2) A … $\alpha = 78°$, D … $\gamma = 125°$, E … $\alpha = 22°$

K **855** $s = \overline{AB} = 700\,m \triangleq 70\,mm$
1) $\overline{PQ} = 56\,mm \triangleq 560\,m$
2) $\sphericalangle APQ = 112°$
3) Entfernung von P zu s: $79\,mm \triangleq 790\,m$

**856** zB: a) Die beiden Dreiecke ASP und PSB haben die Seite PS gemeinsam und zwei gleich große Winkel: $\sphericalangle ASP = \sphericalangle PSB = \frac{\alpha}{2}$ und $\sphericalangle PAS = \sphericalangle PBS = 90°$. Somit sind die beiden Dreiecke nach dem WSW-Satz kongruent. Es gilt: $\overline{PA} = \overline{PB}$.
b) Es gilt $\overline{PA} = \overline{PB}$, $\sphericalangle PAS = \sphericalangle PBS = 90°$. Da die beiden Dreiecke ASP und PSB auch die Seite PS gemeinsam haben sind sie nach dem SsW-Satz kongruent. Somit gilt auch $\sphericalangle ASP = \sphericalangle PSB$ und der Punkt P liegt auf $w_\alpha$.

**857** zB: a) Die beiden Dreiecke APH und HPB sind nach dem SWS-Satz kongruent, da gilt: $\overline{AH} = \overline{HB}$ und $\sphericalangle AHP = \sphericalangle BHP = 90°$. Da sie die Seite HP gemeinsam haben, gilt auch $\overline{AP} = \overline{PB}$.
b) Die beiden Dreiecke APH und HPB sind nach dem SSW-Satz kongruent, da gilt: $\overline{AP} = \overline{PB}$ und HP steht normal auf AB $\Rightarrow \sphericalangle AHP = \sphericalangle BHP = 90°$.
Da sie die Seite HP gemeinsam haben, gilt auch $\overline{AH} = \overline{HB}$. Damit ist P ein Punkt der Streckensymmetrale.

**858** 1) 1:100 000
2) $\overline{AB} = 3{,}0\,km$, $\overline{AP} = 4{,}0\,km$, $\overline{BP} = 3{,}6\,km$
3) P(2|3,5)
4) 3,5 km

K **859** zB: a) 1. Beginne mit der Strecke AB.
2. Zeichne die Winkel $\sphericalangle BAC = 40°$ und $\sphericalangle CBA = 50°$
3. Zeichne den Winkel $\sphericalangle ACD = 30°$.
b) 1. Beginne mit der Stecke AB.
2. Zeichne den Winkel $\sphericalangle BAC = 65°$.
3. Trage auf dem zweiten Schenkel 7 cm ab.
4. Nimm 8 cm in den Zirkel und schlage von C aus auf AB ab.
c) 1. Beginne mit der Strecke DB.
2. Zeichne den Winkel $\sphericalangle BDC = 72°$.
3. Nimm 6 cm in den Zirkel und schlage von D aus auf den zweiten Schenkel ab.
4. Verlängere die Strecke BD um 4 cm über D hinaus.

K **860** Vergleiche mit Buch Seite 196 unten!
a) $a = 6{,}9\,m \triangleq 69\,mm$, $c = 9{,}3\,m \triangleq 93\,mm$, $b = 73\,mm \triangleq 7{,}3\,m$; $u = 23{,}5\,m$
b) $b = 16{,}8\,m \triangleq 84\,mm$, $c = 18{,}6\,m \triangleq 93\,mm$, $a = 63\,mm \triangleq 12{,}6\,m$; $u = 48\,m$
c) $a = 425\,m \triangleq 85\,mm$, $b = 250\,m \triangleq 50\,mm$, $c = 42\,mm \triangleq 210\,m$; $u = 885\,m$
d) $b = 210\,m \triangleq 105\,mm$, $c = 170\,m \triangleq 85\,mm$, $a = 87\,mm \triangleq 174\,m$; $u = 554\,m$

K **861** a) 1) P(4|6,9) 2) $\overline{AP} = 800\,m$, $\overline{BP} = 690\,m$ 3) 690 m 4) $\sphericalangle APB = 30°$
b) 1) P(1,3|4,7) 2) $\overline{AP} = 490\,m$, $\overline{BP} = 670\,m$ 3) 470 m 4) $\sphericalangle APB = 60°$

K **862** a) 1) P(0,6|3,7), Q(5,5|5,2)
2) $\overline{PQ} = 510\,m$
3) $\sphericalangle QPA = 117°$, $\sphericalangle BQP = 89°$
4) 370 m
b) 1) P(1,6|5,9), Q(7|3)
2) $\overline{PQ} = 620\,m$
3) $\sphericalangle QPA = 77°$, $\sphericalangle BQP = 84°$
4) 590 m

K **863** a) Vergleiche mit Buch Seite 196 oben!
$a = 115\,m \triangleq 115\,mm$, $b = 73\,m \triangleq 73\,mm$, $c = 113\,mm \triangleq 113\,m$, $u = 301\,m$, $\alpha = 73°$, $\beta = 37°$
b) Vergleiche mit Buch Seite 196 oben!
$a = 258\,m \triangleq 129\,mm$, $b = 128\,m \triangleq 64\,mm$, $c = 89\,mm \triangleq 178\,m$, $u = 564\,m$, $\alpha = 114°$, $\beta = 27°$
c) Vergleiche mit Buch Seite 196 unten!
$b = 244 \triangleq 122\,mm$, $c = 228\,m \triangleq 114\,mm$, $a = 52\,mm \triangleq 104\,m$, $u = 576\,m$, $\alpha = 25°$, $\gamma = 69°$
d) Vergleiche mit Buch Seite 196 unten!
$b = 620\,m \triangleq 124\,mm$, $c = 390\,m \triangleq 78\,mm$, $a = 60\,mm \triangleq 300\,m$, $u = 1310\,m$, $\alpha = 22°$, $\gamma = 30°$

**864** D: Es gilt: $\overline{CE} = \overline{AE}$, da $\sphericalangle CAE = \sphericalangle ACE = 45°$.

K **865** 1) $25\,m \triangleq 5\,cm$, $20\,m \triangleq 4\,cm$
2) $3\,cm \triangleq 15\,m$
3) $A = 150\,m^2$
4) Konstruiere den Inkreismittelpunkt.
5) $\rho = 1\,cm \triangleq 5\,m$

K **866** 1) $A = 72\,m^2$
2) $12\,m \triangleq 6\,cm$
3) $8{,}5\,cm \triangleq 17\,m$
4) $4{,}25\,cm \triangleq 8{,}5\,m$

**867** bis **874** siehe Buch Seite 283!

# I Vierecke und Vielecke

**875** Lilly hat Recht, da das Quadrat jedenfalls die Rechteckeigenschaften besitzt.

K **876** **a)** $a = 31\,mm$, $A = 968\,mm^2$ **c)** $a = 57\,mm$, $A = 3\,200\,mm^2$
**b)** $a = 54\,mm$, $A = 2\,888\,mm^2$ **d)** $a = 78\,mm$, $A = 6\,050\,mm^2$

**877** **1)** $A_1 = 1\,cm^2$ **2)** $A_2 = 36\,cm^2$ **3)** $A = 96\,cm^2$

**878** **a)** $\beta = 105°$ **b)** $\gamma = 128°$ **c)** $\delta = 170{,}3°$ **d)** $\frac{\beta}{2} = 61{,}3°$ **e)** $\frac{\gamma}{4} = 36{,}68°$

K **879** Vergleiche mit Buch Seite 223!
**a)** $\rho = 25\,mm$ **c)** $\rho = 28\,mm$ **e)** $\rho = 27\,mm$ **g)** $\rho = 30\,mm$ **i)** $\rho = 28\,mm$
**b)** $\rho = 23\,mm$ **d)** $\rho = 23\,mm$ **f)** $\rho = 18\,mm$ **h)** $\rho = 25\,mm$

K **880** **a)** $a = 44\,mm$; $A \approx 19\,cm^2$ (19,04) **b)** $a = 60\,mm$; $A \approx 24\,cm^2$ (23,52)

**881** **a)** **1)** Es fehlt $\alpha$ oder $\beta$ oder e oder f
**2)** Es fehlt a oder e oder f
**3)** Es fehlt a oder e oder f
**4)** Es fehlt a oder $\beta$ oder e oder f
**b)** Nur das Quadrat ist mit einem Bestimmungsstück konstruierbar; möglich ist dies bei **1)** oder **4)**.

**882** **1)**

| | | Raute | Quadrat |
|---|---|---|---|
| A | Je zwei gegenüberliegende Seiten sind parallel | ⊗ | ⊗ |
| B | Hat einen Inkreis | ⊗ | ⊗ |
| C | Hat einen Umkreis | ○ | ⊗ |
| D | Symmetrisch bezüglich beider Diagonalen | ⊗ | ⊗ |
| E | Hat vier rechte Winkel | ○ | ⊗ |
| F | Diagonalen halbieren einander | ⊗ | ⊗ |
| G | Diagonalen stehen normal aufeinander | ⊗ | ⊗ |
| H | Winkelsumme beträgt 360° | ⊗ | ⊗ |
| I | Es gibt vier Symmetrieachsen | ○ | ⊗ |

**2)** Da die Raute aber im Allgemeinen keine rechten Winkel hat, handelt es sich nicht um ein Quadrat.
**3)** Da das Rechteck im Allgemeinen nicht vier gleich lange Seiten hat, handelt es sich nicht um eine Raute.

**883** 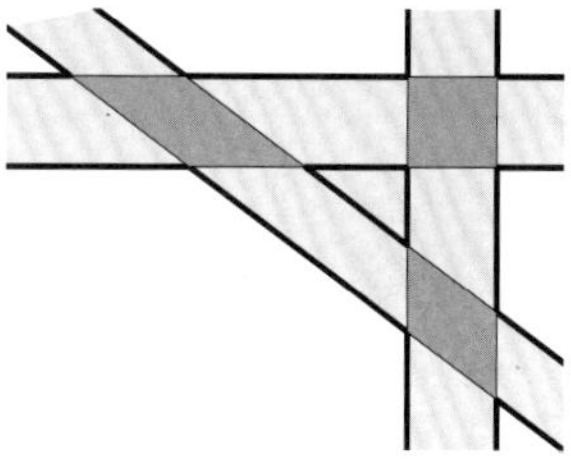 Beachte: Ein Quadrat ist ein spezielles Parallelogramm!

**884** zB: Schienenkreuzungen, Parkettbrettchen…

**885** zB: $\alpha_1$ und $\gamma_1$ bzw. $\beta_1$ und $\delta_1$ sind gleich große Parallelwinkel. Daher sind die Dreiecke ABM und CDM nach dem WSW-Satz kongruent.

**886** **a)**

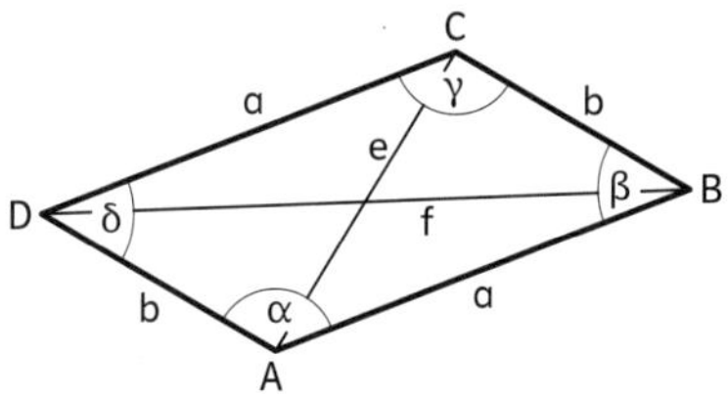


**b)**

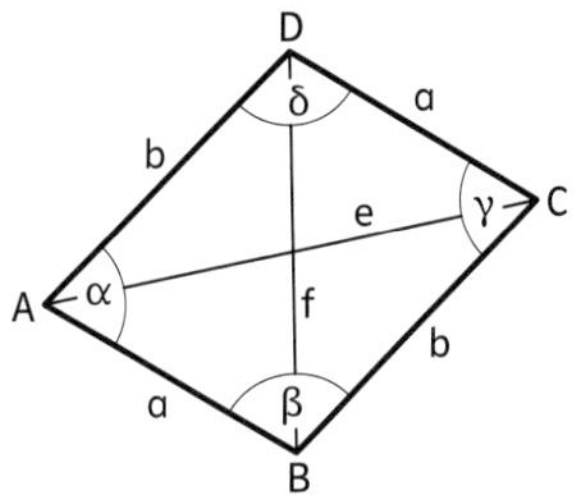


K **887** Vergleiche mit der Anleitung im Buch Seite 226!

**a)** $e = 71\,mm$
**b)** $e = 35\,mm$
**c)** $\beta = 98°$
**d)** $\alpha = 48°$
**e)** $b = 29\,mm$
**f)** $b = 45\,mm$
**g)** $a = 55\,mm$
**h)** $b = 79\,mm$

**888** zB: Es genügen zwei Seiten und ein Winkel bzw. zwei Seiten und eine Diagonale bzw. eine Seite, eine Diagonale und ein Winkel.

**889** **A, C, E**

K **890** **a)** Es gibt im Allgemeinen keinen Umkreis.
**b)** Es gibt im Allgemeinen keinen Inkreis.
**c)** Es müsste **1)** ein Rechteck sein,
**2)** vier gleich lange Seiten haben,
**3)** ein Quadrat sein.

**891** 1)

| | Parallelogramm | Rechteck |
|---|---|---|
| Je zwei gegenüberliegenden Seiten sind parallel | ⊗ | ⊗ |
| Hat einen Umkreis | ○ | ⊗ |
| Vier rechte Winkel | ○ | ⊗ |
| Diagonalen halbieren einander | ⊗ | ⊗ |
| Winkelsumme beträgt 360° | ⊗ | ⊗ |
| Es gibt zwei Symmetrieachsen | ○ | ⊗ |
| Parallele Seiten sind jeweils gleich lang | ⊗ | ⊗ |

2) Das Rechteck hat jedenfalls alle Parallelogrammeigenschaften. Da das Parallelogramm im Allgemeinen keine rechte Winkel hat, handelt es sich nicht um ein Rechteck.

K **892** 1) Arbeite genau!
a) 2) D = (2 | 6) 3) $A = 30\,cm^2$
b) 2) C = (4 | 5) 3) $A = 16\,cm^2$
c) 2) B = (6 | 0) 3) $A = 28\,cm^2$
d) 2) A = (3 | 0) 3) $A = 21\,cm^2$

K **893** zB: A = (0 | 0), B = (3 | 0), C = (5 | 4); $A = 12\,cm^2$

**894** 1), 2), 4) Das Viereck hat 2 Paar gleich langer Seiten, die Diagonalen stehen aufeinander normal.
3) zB: Die Diagonalen stehen nicht aufeinander normal, kein Drachen.
5) zB: Es gibt keine 2 Paar gleich langer Seiten, kein Drachen.

K **895** Vergleiche mit Buch Seite 228!

K **896** Vergleiche mit Buch Seite 228!
a) $\rho = 23\,mm$ b) $\rho = 24\,mm$ c) $\rho = 19\,mm$ d) $\rho = 25\,mm$ e) $\rho = 25\,mm$ f) $\rho = 34\,mm$

**897** Es werden drei Bestimmungsstücke benötigt.

**898** A, C, D

K **899** $A = 4\,cm^2$

K **900** a) D = (8 | 4), $A = 28\,cm^2$ b) B = (4,5 | 1), $A = 27\,cm^2$ c) D = (5 | 9), $A = 28\,cm^2$ d) D = (3 | 4), $A = 8\,cm^2$

K **901** a) 1) b = 8,9 cm 2) $A = 25\,cm^2$
b) 1) b = 5,3 cm 2) $A = 21\,cm^2$
3) Der Flächeninhalt des Rechtecks ist doppelt so groß wie der des Drachens $A = \frac{e \cdot f}{2}$

K **902** 6 m ≙ 6 cm, 8 m ≙ 8 cm, 12 m ≙ 12 cm

K **903** **a) 1) und 2)** Seite a mit dem Geodreicek zeichnen; Seitenlänge b vom Punkt B und Diagonale e vom Punkt A abschlagen; eine Parallele zu a durch den Punkt C zeichnen; Seitenlänge d (= b) vom Punkt A abschlagen; Trapez fertigzeichnen; c = 50 mm

**3)** r = 48 mm

**b) 1) und 2)** Seite c mit dem Geodreieck zeichnen; Winkel γ und δ mit den Scheiteln C und D zeichnen; Seitenlänge c von C und D abschlagen; Trapez fertigzeichnen; a = 17 mm

**3)** r = 28 mm

**c) 1) und 2)** Vergleiche mit **b) 1)** und **2)**! a = 1 cm

**3)** r = 3,5 cm

**d) 1) und 2)** Seite c mit dem Geodreieck zeichnen; Seitenlänge b vom Punkt C und D und Diagonale f (= e) vom Punkt C und D abschlagen; Trapezn fertigzeichnen; a = 9,9 cm

**3)** r = 5 cm

K **904** **a)** c = 40 mm **b)** a = 71 mm **c)** h = 52 mm, c = 47 mm **d)** h = 19 mm, c = 23 mm

K **905** **A, B, C, D**

K **906** **A, B, D, E**

K **907** **a)** 6,0 m ≙ 3 cm, 4,0 m ≙ 2 cm, 8,0 m ≙ 4 cm; Dammsohle: 9,9 cm ≙ 19,8 m
**b)** 5,80 m ≙ 2,9 cm, 8 m ≙ 4 cm; Dammsohle: 12,4 cm ≙ 24,8 m

K **908** **a)** 3,0 m ≙ 6 cm, 5,0 m ≙ 10 cm **b)** 10,0 m ≙ 5 cm, 4,0 m ≙ 2 cm, 24,0 m ≙ 12 cm

**909** **B, C**

**910** **a) 1)**

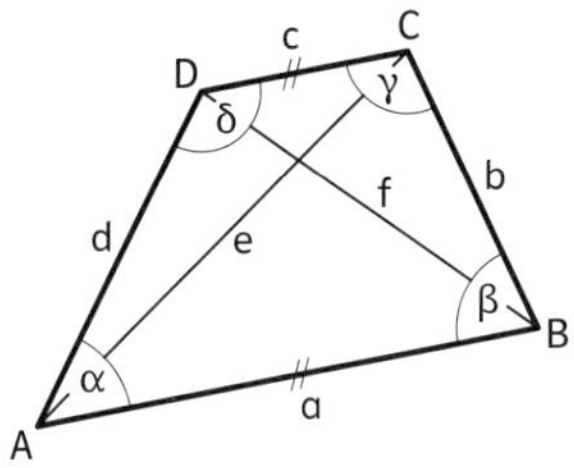


**2)** 79° bzw. 101°

**b) 1)**

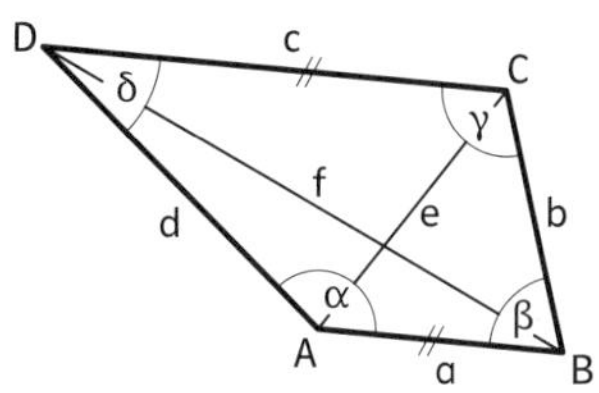


**2)** 99° bzw. 81°

**911** **A, B, C, D**

**912** **A**

K **913** Vergleiche mit Buch Seite 233!
**a)** b = 70 mm **b)** e = 98 mm **c)** d = 93 mm

K **914** **a)** β = 39° **b)** β = 67°

**915** **A, D**

**916** $A_I = 2\,cm^2$, $A_{II} = 2\,cm^2$, $A_{III} = 1\,cm^2$; $A = 5\,cm^2$

K **917** Vergleiche mit Aufgabe 916!
**a)** $A = 22{,}5\,cm^2$ **b)** $A = 32{,}5\,cm^2$ **c)** $A = 42\,cm^2$ **d)** $A = 38{,}5\,cm^2$

K **918** **a)** $A \approx 39{,}9\,cm^2$ (39,875) **b)** $A = 66{,}5\,cm^2$

K **919** **a)** Beginne zB mit dem Dreieck ABC (a, b, e); f = 64 mm!
**b)** Beginne zB mit dem Dreieck ABD (a, d, $\alpha$); c = 33 mm!
**c)** Beginne zB mit dem Dreieck BCD (b, c, $\gamma$); a = 103 mm!
**d)** Beginne zB mit dem Dreieck ABD (a, f, $\alpha$); 2 Lösungen: c = 86 mm, $c_1$ = 46 mm!

K **920** **a)** 32,0 m ≙ 32 mm, 38,0 m ≙ 38 mm, 54,0 m ≙ 54 mm, 62,0 m ≙ 62 mm; u = 186 m
**b)** 12,0 m ≙ 24 mm, 22,0 m ≙ 44 mm, 28,0 m ≙ 56 mm, 37,0 m ≙ 74 mm, 38,0 m ≙ 76 mm; u = 100 m
**c)** 170,0 m ≙ 85 mm, 260,0 m ≙ 130 mm, 300 m ≙ 150 mm, u = 860 m

K **921** **a)** $A = 19{,}25\,cm^2$ **b)** $A = 16{,}5\,cm^2$ **c)** $A = 18\,cm^2$ **d)** $A = 24\,cm^2$

**922** **a)** $A = 900\,m^2$ **b)** $A = 350\,m^2$ **c)** $A = 525\,m^2$

K **923** **1)** zB:

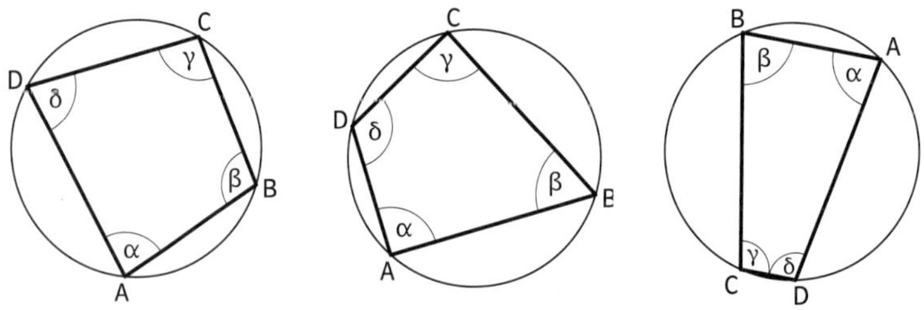


**2)** Im Sehnenviereck beträgt die Winkelsumme der gegenüberliegenden Winkel 180°:
$\alpha + \gamma = 180°$ und $\beta + \delta = 180°$!

**924**

| | **Eigenschaften** | 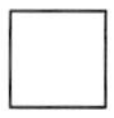 | 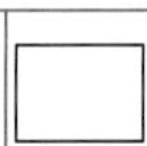 |  |  | 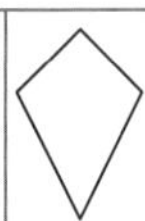 | 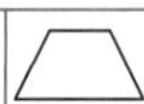 |  | 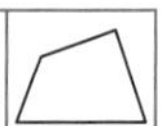 |
|---|---|---|---|---|---|---|---|---|---|
| 1) | Die Innenwinkelsumme ist 360°. | × | × | × | × | × | × | × | × |
| 2) | Diagonalen stehen normal aufeinander. | × | | × | | × | | | |
| 3) | Zwei Seiten sind zueinander parallel. | × | × | × | × | | × | × | |
| 4) | Die Seiten stehen aufeinander normal. | × | × | | | | | | |
| 5) | Je zwei Seiten sind gleich lang. | × | × | × | × | × | | | |
| 6) | Besitzt eine Symmetrieachse. | × | × | × | | × | × | | |
| 7) | Je zwei parallele gegenüberliegende Seiten. | × | × | × | × | × | | | |
| 8) | Besitzt zwei Symmetrieachsen. | × | × | × | | × | | | |
| 9) | Die Diagonalen sind gleich lang. | × | × | | | | | | |
| 10) | Alle vier Seiten sind gleich lang. | × | | × | | | | | |
| 11) | Besitzt einen Inkreis. | × | | × | | × | | | |
| 12) | Besitzt vier Symmetrieachsen. | × | | | | | | | |
| 13) | Besitzt einen Umkreis. | × | × | | | | × | | |

**925** wahr: **B, C** falsch: **A, D, E**

**926** **1)** regelmäßiges Fünfeck **2)** regelmäßiges Achteck **3)** Sechseck **4)** regelmäßiges Vierzehneck **5)** regelmäßiges Sechseck **6)** Fünfeck

K **927** **a) 1)** 4,5 m ≙ 45 mm, 7,0 m ≙ 70 mm, 8,0 m ≙ 80 mm, 9,0 m ≙ 90 mm **2)** $A = 67{,}5\,m^2$
**b) 1)** 4,0 m ≙ 20 mm, 8,0 m ≙ 40 mm, 9,5 m ≙ 47,5 mm **2)** $A = 70\,m^2$
**c) 1)** 8,0 m ≙ 16 mm, 9,0 m ≙ 18 mm, 11,0 m ≙ 22 mm, 12,0 m ≙ 24 mm **2)** $A = 114\,m^2$

K **928**

| | Fünfeck | a) Sechseck | b) Siebeneck | c) Achteck |
|---|---|---|---|---|
| **Anzahl der Diagonalen von einem Eckpunkt aus** | 2 | 3 | 4 | 5 |
| **Anzahl der dadurch entstehenden Teildreiecke** | 3 | 4 | 5 | 6 |
| **Winkelsumme im Vieleck** | $3 \cdot 180° = 540°$ | 720° | 900° | 1080° |

**929** **1)** $n - 3$ Diagonalen
**2)** $n - 2$ Teildreiecke
**3)** $(n - 2) \cdot 180°$
**4)** Viereck: $4 - 3 = 1$ Diagonale
$4 - 2 = 2$ Teildreiecke
$(4 - 2) \cdot 180° = 360°$
Dreieck: $3 - 3 = 0$ Diagonalen
$3 - 2 = 1$ Dreieck
$(3 - 2) \cdot 180° = 180°$
Ja, die Formeln stimmen.

**930** …regelmäßige Fünfecke und Sechsecke.

**931** Ein Innenwinkel beträgt 120°.

**932** zB: Bienenwaben, Kirchenfenster, sechseckige Teller,…

K **933** Beachte den Konstruktionsgang!
**a)** $\rho = 26\,mm$ **b)** $\rho = 30\,mm$ **c)** $\rho = 37\,mm$ **d)** $\rho = 41\,mm$ **e)** $\rho = 48\,mm$

K **934** Wähle zB $a = 3\,cm$!
**1)** …in zwei gleichschenklige Trapeze. **2)** Es entstehen 3 Rauten.

**935** **B, C, E**

K **936** **1)** zB: Konstruiere ein Quadrat und zeichne die Diagonalen ein! Setze den Zirkel in die Eckpunkte des Quadrats ein und zeichne jeweils einen Viertelkreisbogen ein (Radius = halbe Diagonale)! Die 8 Schnittpunkte mit den Quadratseiten bilden die Eckpunkte des gesuchten Achtecks.
**2)** Vergleiche mit **1)**! Die Seitenlänge des Achtecks beträgt 2,5 cm.

K **937** Beachte den Konstruktionsgang!
**a)** $\rho = 32\,mm$ **b)** $\rho = 37\,mm$ **c)** $\rho = 42\,mm$ **d)** $\rho = 48\,mm$ **e)** $\rho = 55\,mm$

K **938** Wähle zB $r = 5\,cm$!

K **939** Zentriwinkel: 45°, Basiswinkel: 67,5°

**940** Der Innenwinkel beträgt 135°

K **941** **a)** Zentriwinkel = 72°, Seitenlänge = 4,7 cm
**b)** Zentriwinkel = 40°, Seitenlänge = 2,7 cm
**c)** Zentriwinkel = 36°, Seitenlänge = 2,5 cm

**942** **a)** Es ist scheinbar nicht regelmäßig. **b)** zB: $r = 4\,cm$; Seitenlänge = 21 mm

K **943** **a)** **b)** **c)**

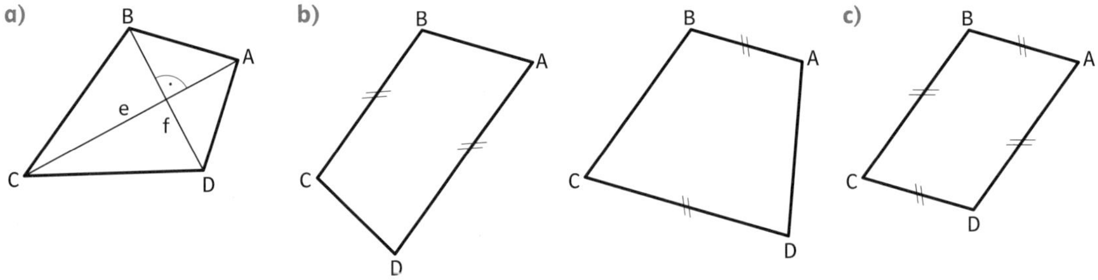


**944** **a)** Die Diagonale d muss länger als die Seite b sein!
**b)** Die Summe von a und b muss größer als e sein!
**c)** Die Summe von b und e muss größer als a sein!
**d)** $\alpha$ und $\beta$ müssen 180° ergeben!

**945** **1) B, C** **3) A, C** **5) A, B** **7) A, C**
**2) A, C** **4) B, C** **6) C** **8) B, C**

**946** **1)** $A \approx 58\,m^2$ **2)** $u = 32\,m$

K **947** Vergleiche mit Aufgabe 938!

**948** zB: sechseckiger Teller, achteckiger Tisch, …

K **949** **1)** zB: Das Viereck hat keine Symmetrieachse.
**2)** Beginne mit den aufeinander normal stehenden Diagonalen.

K **950** **1)** und **2)** Es entsteht:
**a)** ein Rechteck
**b)** ein Rechteck
**c)** ein Parallelogramm
**d)** ein Parallelogramm
**e)** ein Parallelogramm

**951** **1)** Eines, zB: a **3)** Zwei, zB: a, $\alpha$ **5)** Drei, zB: a, b, e
**2)** Zwei, zB: a, b **4)** Drei, zB: a, b, $\alpha$ **6)** Vier, zB: a, b, $\alpha$, $\beta$

K **952** **1)** Deltoide, Rauten

**2)** 1. Konstruiere ein regelmäßiges Achteck mit einem Umkreisradius von 3 cm!

2. Schließe daran ein weiteres Achteck so an, dass es zwei gemeinsame Eckpunkte gibt usw.!

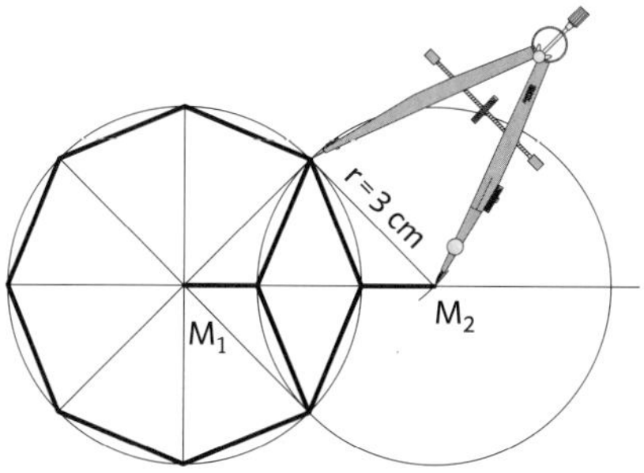


**953** **a)** 108° **b)** 140° **c)** 144°

**954** Die Flächeninhalte sind gleich groß: $A = 3\,500\,m^2$
Grundstück 1 hat den größten Umfang.

**955** bis **968** siehe Buch Seite 283!

# J Prisma

**969** zB: dreieckige Buchstütze, Heuschober…

**970** a) Rechtecke, Quadrate b) Parallelogramme, Rauten

**971** **B**: 8 Flächen, **D**: 5 Flächen

**972**

| | dreiseitiges Prisma | vierseitiges Prisma | fünfseitiges Prisma |
|---|---|---|---|
| Flächen | 5 | 6 | 7 |

K **973** 1) und 3) Vergleiche mit Buch Seite 250!
2) a) $O = 62\,cm^2$ b) $O = 54\,cm^2$ c) $O = 90\,cm^2$ d) $O = 37{,}5\,cm^2$

**974** A

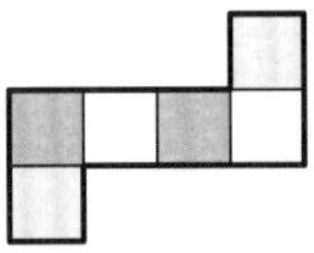

C

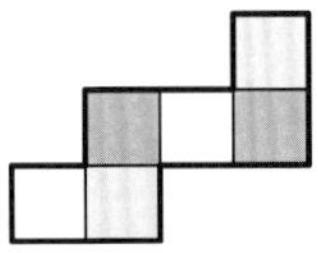

E

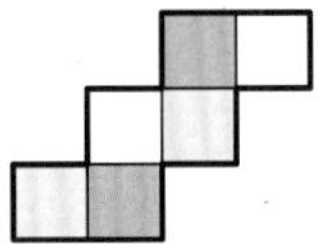

**B** und **D** stellen keine Würfelnetze dar.

**975** a) Kreuze an: **A**, **B**, **D**! **C** ist kein Netz eines Quaders.
Begründung: zB:…, weil Grund- und Deckfläche aneinanderstoßen.

b) A

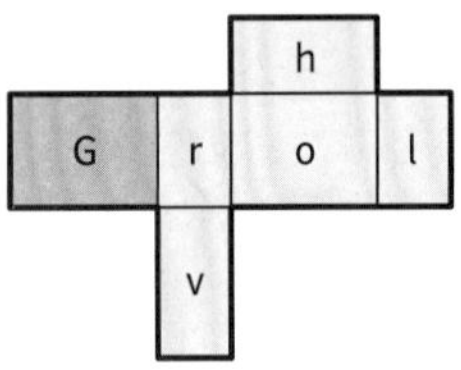


B

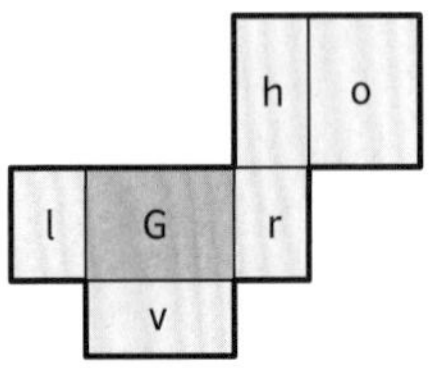


D

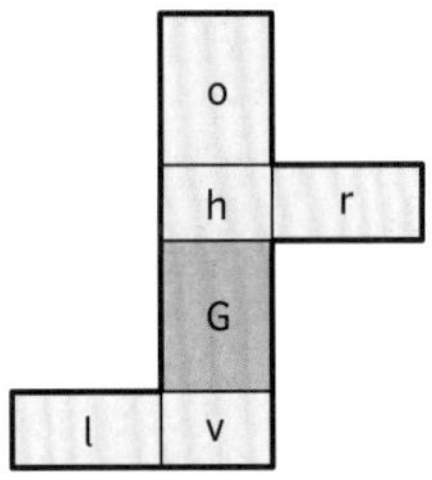


**976** Kreuze an: A, **B**; zB: **C** ist kein Netz, weil eine Seitenfläche zu klein ist.

K **977** A–4, B–5, C–1

2)

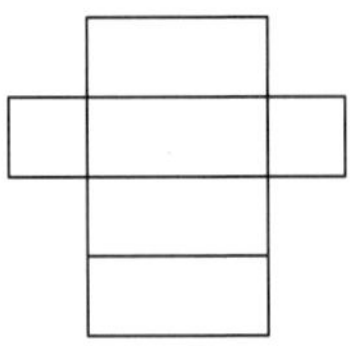

3)

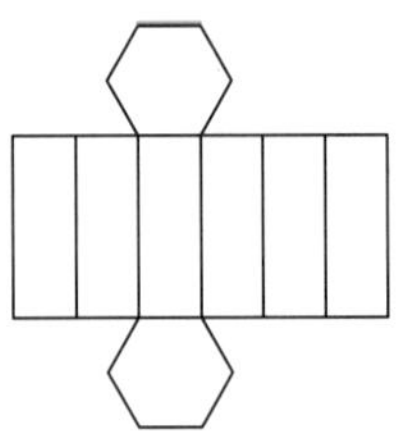

**978** Netz **E** passt.

K **979** Vergleiche mit Buch Seite 250!
a) $M = 54\,cm^2$ b) $M = 51\,cm^2$ c) $b = 4{,}5\,cm$, $M = 58\,cm^2$

**980** **a)** $V \approx 234\,cm^3$ (234,375) **b)** $V \approx 200\,cm^3$

**981** zB: Bei **e)** gibt es 3 Möglichkeiten

**982**

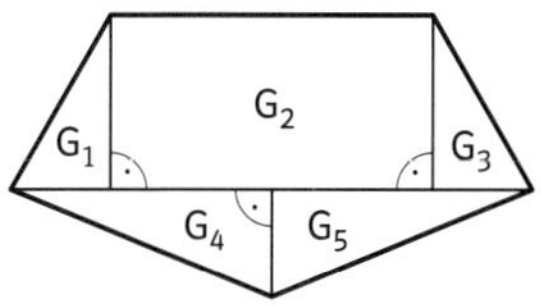


$G_{gesamt} = G_1 + G_2 + G_3 + G_4 + G_5$
$V_{gesamt} = G_{gesamt} \cdot h$

**983** **a)** $V = 140\,dm^3$ **b)** $V = 86{,}8\,m^3$

**984**
**a) 1)** $V = 140\,cm^3$ **2)** $O = 166\,cm^2$
**b) 1)** $V \approx 182\,dm^3$ (181,675) **2)** $O \approx 196\,dm^2$ (196,3)
**c) 1)** $V \approx 262\,cm^3$ (262,144) **2)** $O \approx 246\,cm^2$ (245,76)
**d) 1)** $V = (s \cdot t \cdot u)\,cm^3$ **2)** $O = [2 \cdot (s \cdot t + s \cdot u + t \cdot u)]\,cm^2$

**985**
**a)** $V \approx 2810\,m^3$ (2812,5), Glashaus **c)** $V \approx 3{,}05\,m^3$ (3,045), Zelt
**b)** $V \approx 54{,}9\,m^3$ (54,88), Schuppen **d)** $V \approx 4{,}39\,dm^3$ (4,3875), Nistkasten

**986** Das Prisma hat eine Höhe von 3,2 cm.

**987** Der Pfeiler ist 2 m hoch.

**988** Man kann 5 Fässer übereinander stapeln.

**989** **a)** $m = 182\,g$ (182,16) **b)** $m = 30\,kg$ (30,1875)

**990**
**a) 1)** 0,234 kg **2)** 0,0204 kg **3)** 0,00105 kg
**b) 1)** 0,17238 kg **2)** 0,015028 kg **3)** 0,0007735 kg
**c) 1)** 44 928 kg **2)** 3 916,8 kg **3)** 201,6 kg

**991**
**a) 1)** $A = 74\,m^2$ **2)** $V = 22\,200\,m^3$ **3)** $m \approx 52\,200\,t$ (52 170)
**b) 1)** $A = 83{,}25\,m^2$ **2)** $V \approx 3\,750\,m^3$ (3 746,25) **3)** $m \approx 8\,800\,t$ (8 803,…)
**c) 1)** $A = 71{,}4\,m^2$ **2)** $V = 71\,400\,m^3$ **3)** $m \approx 168\,000\,t$ (167 790)
**d) 1)** $A = 57{,}8\,m^2$ **2)** $V \approx 13\,900\,m^3$ (13 872) **3)** $m \approx 32\,600\,t$ (32 599,2)
**e) 1)** $A = 41{,}8\,m^2$ **2)** $V \approx 4\,050\,m^3$ (4 054,6) **3)** $m \approx 9\,530\,t$ (9 528,…)

**992** **1)** $A = 783\,m^2$ **2)** $V \approx 235\,000\,m^3$ (234 900) **3)** $m \approx 235\,000\,t$ (234 900)

**993** **1)** $V = 13\,000\,m^3$ **2)** $m = 15{,}6\,t$

**994** **1)** $V = 87\,dm^3$ **2)** $m = 348\,kg$

K **995** Vergleiche mit Buch Seite 256!

K **996** Vergleiche mit Buch Seite 257!

**997** A, D

**998** B, D, E

**999** Karin kann das Planschbecken nicht verschieben, da es um 210 kg schwerer ist als sie selbst.

**1000** a) $a = 4\,dm$ b) $m = 1497{,}6\,kg$

**1001** bis **1007** siehe Buch Seite 284!